LES OUTILS
DE LA PERFORMANCE INDUSTRIELLE

Éditions d'Organisation
Groupe Eyrolles
61, bd Saint-Germain
75240 Paris Cedex 05

www.editions-organisation.com
www.editions-eyrolles.com

Jean-Marc GALLAIRE

LES OUTILS DE LA PERFORMANCE INDUSTRIELLE

EYROLLES

Éditions d'Organisation

Table des matières

FICHES OUTILS

Préambule

Afin de faciliter la lecture de ce livre et définir les limites à l'intérieur desquelles les techniques qu'il présente s'appliquent, il est important de préciser les définitions des termes suivants :

Techniques

Les techniques sont toutes les méthodes et outils de travail qui permettent d'organiser une activité, d'optimiser les performances d'une activité ou bien encore de traiter une situation problématique.

Organisme

Un organisme représente un ensemble de services (ou bureaux) affectés à diverses tâches (ou activités) en vue de réaliser totalement ou partiellement un produit destiné à être vendu à un client.

Activité

Les activités d'un organisme sont toutes celles nécessaires à la commercialisation d'un « produit » donné :

- étude de marché ;
- démarche commerciale ;
- conception ;
- dessin d'un plan ;
- fabrication ;
- mesure d'une caractéristique mécanique, dimensionnelle… ;
- transport d'un bien d'un point à un autre ;
- formation d'un groupe de personnes ;
- accompagnement d'un organisme pour la mise en œuvre d'une démarche de progrès ;
- mise à disposition de personnel intérimaire ;
- recrutement d'un nouvel embauché ;
- distribution de produits ;
- etc.

Produit

Le produit réalisé par l'organisme peut se présenter sous la forme d'un bien (produit manufacturé) ou d'un service.

Processus

Ensemble d'activités corrélées ou interactives qui transforment des éléments d'entrées en éléments de sortie (ISOX50 130).

Introduction

Pendant les treize premières années de ma carrière professionnelle, j'ai occupé des fonctions d'organisation et d'animation d'activités de production au sein d'entreprises industrielles.

Au cours de cette période, j'ai eu l'opportunité de découvrir différentes techniques qui m'ont permis :

- d'organiser les différentes activités dont j'avais la responsabilité ;
- d'améliorer les performances de ces activités ;
- de traiter les situations problématiques rencontrées lors de la réalisation de ces activités.

Au fur et à mesure de mon expérience, j'ai constaté, aussi bien dans les entreprises dans lesquelles j'étais employé que dans celles avec qui j'entretenais des relations, que la mise en œuvre de ces techniques n'aboutissait pas toujours à l'objectif fixé au préalable ou ne permettait pas de maintenir durablement les résultats acquis.

Ayant pris conscience que déployer des moyens pour engager une action dont les résultats s'avéraient insuffisants ou éphémères représentait un échec, j'ai alors cherché à améliorer l'efficacité de la mise en œuvre de ces techniques.

Généralement, ces dernières n'étaient pas elles-mêmes directement à l'origine de l'échec. Lorsqu'elles étaient appliquées selon leurs principes et dans un contexte adapté, les résultats attendus étaient réalisés et pérennisés. Ce n'était donc pas le fond de ces techniques qu'il était nécessaire de revoir, mais la manière de les mettre en œuvre.

Si l'on utilise un marteau pour desserrer un écrou, nous avons toutes les chances d'échouer. Ce n'est pas le marteau qui est responsable de l'échec, mais le choix de l'outil pour effectuer le travail.

De la même manière, si on cherche à enfoncer un clou en tenant un marteau par sa tête en acier et que l'on frappe avec son manche, il sera difficile de réaliser un travail performant.

Dans ce cas, l'outil choisi est le bon, mais c'est la manière de l'utiliser qui n'est pas correcte.

La lecture de plusieurs livres, les formations professionnelles suivies, les échanges réalisés avec des collègues et mes propres expériences m'ont permis de formaliser un principe, relatif au choix et à la mise en œuvre des différentes techniques existantes. Ce dernier s'est avéré très positif pour traiter diverses situations auxquelles j'ai été confronté.

En 1999, j'ai décidé de quitter mon employeur pour créer ma société de conseil et formation, afin d'affiner ce principe et de le faire partager à d'autres entreprises.

Principe de mise en œuvre des méthodes et outils

Ce principe est fondé sur une conviction et sur des observations.

Tout d'abord, j'ai acquis la conviction que la gestion d'une activité, quelle qu'en soit sa nature, est toujours organisée sur les bases de multiples prévisions. Des aléas non pris en compte viennent plus ou moins perturber le déroulement de l'activité, ce qui ne permet pas de réaliser les résultats attendus.

> Vos horaires de travail vous octroient une pause d'une heure le temps de midi. Vous prévoyez de profiter de ce moment pour vous rendre dans un club de sport afin de vous détendre. Sur la route, votre véhicule tombe en panne et il vous faut une heure trente minutes pour réparer. Vous reprenez votre travail en retard et vous ne vous êtes pas détendu, bien au contraire !

Le but recherché par toute personne responsable d'une activité consiste à réaliser ce qu'il prévoit par la mise en place d'une organisation performante et de résoudre efficacement tous les problèmes (écarts entre ce qui est prévu et ce qui est réalisé) lorsqu'ils se présentent.

Pour atteindre cette performance, il est indispensable de comprendre :

* le principe de fonctionnement d'un organisme ;

* le contexte dans lequel il évolue ;

* les objectifs, les enjeux, les principes et les étapes de mise en œuvre des principales techniques de travail qui existent actuellement.

Ensuite, les différentes observations que j'ai pu faire, depuis maintenant plus de vingt ans, font état d'une certaine forme de gaspillage (pas de résultats, résultats insuffisants, résultats éphémères) lors de la mise en œuvre de démarches d'organisation, d'amélioration ou de résolution de problèmes.

Les causes de ces gaspillages sont diverses et variées, et on peut citer comme principales :

- les techniques de travail ne sont pas systématiquement mises en œuvre de manière préventive, c'est-à-dire pour organiser les activités d'une entreprise ;

- les techniques de travail sont souvent utilisées partiellement au cours d'actions curatives, qui ont pour but de résoudre des problèmes à court terme afin de ne pas affecter la satisfaction des clients (non-respect d'un délai de livraison, non-respect des quantités demandées, non-respect des exigences de conformités des produits livrés…).
Ces différentes actions sont généralement déclenchées au dernier moment avec des résultats attendus très rapidement. Ainsi, elles ne prennent que trop rarement en compte l'impact économique et les causes premières du problème de manière à éviter sa réapparition.
Il résulte de cette manière de procéder deux conséquences majeures :
  - réapparition des mêmes situations problématiques (les effets ou les causes secondes sont traités au détriment des causes premières) ;
  - dégradation des performances financières de l'entreprise (récurrence des problèmes, récurrence d'actions de sauvetage, les petits problèmes prennent de plus en plus d'importance…).

L'entreprise s'apparente donc plus à une caserne de pompiers, où les dirigeants, les cadres, les managers, les techniciens… sont sans cesse appelés pour éteindre des incendies, qu'à une entité qui met en place une organisation efficace pour éviter ces incendies.

- Toutes les causes qui ne permettent pas d'améliorer ou de pérenniser les performances d'une activité suite à une action mettant en œuvre une ou plusieurs techniques de travail :
  - les techniques de travail choisies ne sont pas adaptées à la situation à traiter ;
  - les techniques de travail sont engagées plus par mode que par nécessité ;
  - les moyens nécessaires à la mise en œuvre et à la pérennisation de l'action ne sont pas définis et/ou mis à disposition ;
  - l'implication des différents acteurs concernés par ces actions est insuffisante ;
  - il n'y a pas d'indicateurs définis et/ou suivis pour attester de l'intérêt et de l'efficacité de la mise en œuvre de l'action choisie ;
  - l'entreprise veut passer d'une situation initiale insatisfaisante à une situation idéale. L'objectif est alors trop ambitieux et le décourage-

ment intervient rapidement devant l'ampleur du travail qui est ou reste à faire;

- les solutions retenues sont trop complexes. Elles demandent souvent trop d'efforts au personnel pour les mettre en application;
- les démarches ne sont pas expliquées au personnel (pourquoi cette démarche? qu'attend-t-on du personne? que va-t-il se passer? comment la démarche va-t-elle être réalisée?...);
- les solutions ne sont pas toujours trouvées en groupe. Elles sont le fruit d'une décision individuelle, prise par une personne qui n'est pas directement acteur de l'activité concernée. Ces solutions sont donc imposées aux acteurs de l'activité, qui se sentent frustrés et de ce fait ne jouent pas le jeu à tort ou à raison (accepterions-nous dans le quotidien que ce soit notre voisin qui nous dise ce qu'il faut faire chez soi?).

Ce livre a pour but de faire une synthèse des conditions et des principes de mise en œuvre des principales techniques de travail existantes pour organiser une activité, améliorer ses performances et résoudre les situations problématiques rencontrées.

Performance, but et principes de fonctionnement d'un organisme

Avant de parler de performance d'un organisme, il faut avant tout le créer. Pour ce faire, il est nécessaire de réunir au moins trois conditions :

- le projet de création doit porter sur la vente d'un ou plusieurs produits. L'idéal étant de proposer un catalogue de plusieurs références afin que la pérennité des activités de ce projet ne dépende pas d'un seul produit ;
- avoir au moins un client à qui vendre ce ou ces produits. L'idéal, tout comme pour le produit, étant d'avoir plusieurs clients afin de ne pas dépendre d'un seul ;
- identifier et faire appel à des fournisseurs pour participer à la réalisation de ce ou de ces produits :
  - fournisseurs externes : producteurs ou distributeurs de matières premières, cabinets d'études, comptables, fournisseurs d'énergies, agences de personnels intérimaires, banques, transport… ;
  - fournisseurs internes : salariés embauchés (en CDI ou CDD).

Ces conditions peuvent être réunies, sans pour autant garantir ou assurer la pérennité de l'organisme créé.

Il est également indispensable qu'elles soient obtenues de manière performante pour permettre à l'organisme d'atteindre son but, qui consiste à ce que la somme des dépenses engagées pour réaliser et commercialiser ses produits soit inférieure à la somme des recettes générées par les ventes de ces mêmes produits.

Ce but, simple à énoncer, paraît de prime abord évident pour tous, mais il me semblait important de le rappeler car au cours des différentes missions que j'ai menées et que je mène dans différents organismes, je constate qu'il n'est pas toujours à la base des décisions prises au quotidien.

Pour atteindre ce but, qui représente l'impératif économique de tout organisme, il est nécessaire de :

- commercialiser ses produits à des clients ;
- maîtriser l'ensemble des dépenses relatives à cette commercialisation.

Commercialiser ses produits à des clients

Il ne suffit pas qu'un organisme trouve ses produits «bons» pour les commercialiser facilement. Il est surtout nécessaire que ses produits respectent plusieurs exigences de manière à ce que le carnet de commandes se remplisse régulièrement :

- leurs fonctionnalités doivent correspondre aux attentes du marché, c'est-à-dire qu'elles doivent permettre aux clients de combler un besoin attendu;
- leur prix de vente doit être compétitif de manière à ce que l'organisme puisse :
  - se positionner sur le marché avec un prix cohérent à ceux proposés par la concurrence, ce qui, dans le contexte économique actuel, n'est pas toujours facile à réaliser. D'une part, l'offre, qui est très souvent supérieure à la demande, génère une véritable guerre des prix entre les organismes afin qu'ils conservent ou augmentent leurs parts de marchés. D'autre part, les prix d'achat des principales matières premières et le coût de la main-d'œuvre non délocalisée augmentent continuellement;
  - donner envie aux clients d'acquérir ces produits dans le cas où il n'y a pas de concurrence;
- leurs délais de livraison doivent correspondre aux attentes des clients. Pour cela, lorsque les cycles de production (durée de réalisation du produit, temps d'approvisionnements inclus) sont plus longs que les cycles commerciaux (délais entre l'émission de la commande et la livraison de cette même commande), les organismes doivent anticiper les besoins de leurs clients ou futurs clients. Cette anticipation est réalisée de manière performante par un bon ordonnancement des productions, du long terme (plan industriel et commercial, plan directeur de production) au court terme (planning de production, kanban);
- leur conformité au cahier des charges doit être respectée par la mise en œuvre et le respect d'un système qualité performant.

Maîtriser l'ensemble des dépenses relatives à cette commercialisation

Cette maîtrise doit permettre de réaliser et de commercialiser les produits d'un organisme à un coût inférieur à la somme de leur prix de vente (impératif économique de tout organisme).

En règle générale, les organismes évoluent dans un contexte où la demande est inférieure à l'offre. Dans ce cas, l'organisation industrielle consiste à fabriquer ce qui a été vendu. Les prix de vente des produits sont alors déterminés ou fixés avant de les réaliser et l'objectif est d'obtenir des coûts de revient réels qui leur sont inférieurs.

La maîtrise des dépenses s'obtient par :

- des estimations les plus précises possibles des coûts de revient;
- le respect de ces estimations au cours des activités de réalisation.

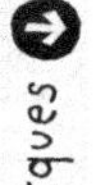

Lorsque la demande est supérieure à l'offre, l'organisation industrielle consiste à produire, puis à vendre ce qui a été produit. Dans ce cas, les prix de vente sont déterminés en fonction des coûts de revient réels. (Ils doivent toutefois être compatibles à ce que sont prêts à payer les clients pour les acquérir.)
Ce contexte est rencontré par des organismes qui sont dans une «niche», ce qui ne représente qu'une minorité des cas.

Estimation des coûts de revient

Le coût de revient d'un produit correspond à la somme des dépenses variables et fixes engagées par l'ensemble des activités nécessaires à sa fabrication et à sa commercialisation :

- marketing;
- commerciale;
- étude et conception;
- industrialisation;
- production;
- maintenance;
- qualité;
- livraison, expédition;
- service après vente;
- gestion des ressources humaines;
- comptabilité;
- etc.

Dépenses variables

La part variable du coût de revient d'un produit correspond à toutes les dépenses qu'il est nécessaire d'engager pour procéder à sa réalisation. Si elles ne sont pas engagées, la production est impossible. Elles dépendent des référentiels qui lui sont associés (gammes, nomenclatures…) et sont directement proportionnelles à la quantité fabriquée. Les principales sont celles qui concernent :

- les achats de matières premières, accessoires, composants… ;
- les coûts de main-d'œuvre directe ;
- les consommations d'énergie ;
- les achats de consommables de production ;
- les achats d'emballages ;
- les frais de port.

Dans un premier temps, le chiffrage de ces dépenses variables, consiste à estimer les quantités nettes, strictement nécessaires à la réalisation du produit :

- temps de main-d'œuvre, fonction ou non du temps d'un équipement ;
- quantité de matière ;
- nombre d'emballages ;
- etc.

Ces estimations sont obtenues par analogie avec des produits similaires déjà réalisés, par expérimentation ou par calcul.

> Un organisme est consulté pour chiffrer l'injection d'une plaque en matière plastique. Il reçoit de la part de son client le plan du produit, qui précise les dimensions suivantes :
>
> – largeur : 5 cm ;
>
> – longueur : 12 cm ;
>
> – épaisseur : 0,2 cm.
>
> Matière : polypropylène de densité 0,95 g/cm^3.
>
> À partir de ces données, le poids de matière strictement nécessaire à l'injection du produit est calculé :
>
> – volume = 5 x 12 x 0,2 = 12 cm^3 ;
>
> – poids = 12 x 0,95 = 11,4 g.
>
> En fonction de la géométrie du produit, et de la technologie mise en œuvre, le temps de cycle unitaire instantané de réalisation est estimé à 36 secondes.

Mais le chiffrage des dépenses variables ne peut pas se contenter de ces besoins. En effet, toutes les activités d'un processus sont soumises à des fluctuations aléatoires, qui engendrent des pertes. Ces dernières doivent donc être estimées afin d'être intégrées au coût de revient.

L'estimation peut être réalisée en fonction :

- des dernières performances enregistrées (TRS – taux de rendement synthétique –, efficience main-d'œuvre, rendement matière) si on estime que le coût des pertes pour la réalisation du produit qui fait l'objet du chiffrage sera comparable aux pertes moyennes mesurées sur une période de production passée ;
- d'objectifs à atteindre de manière :
  - à satisfaire les exigences prix des clients ou du marché ;
  - à satisfaire les exigences économiques de l'organisme, à savoir que le coût de revient global ne soit pas supérieur au prix de vente.

Dans ce cas, les pertes maximales autorisées correspondent à la différence entre le prix de vente défini et le coût de revient idéal du produit, constitué des dépenses variables strictement nécessaires et des dépenses fixes.

Dans notre exemple, les besoins strictement nécessaires sont un poids de 11,4 g et un temps de cycle de 36 secondes.

Les dernières performances connues et représentatives font état des résultats suivants :

– respect des poids nomenclature : 0,9 (poids nomenclature prévu pour réaliser les productions d'une période/poids réellement consommé pour réaliser ces mêmes productions) ;

– respect de temps de cycle gamme : 0,6 (temps gamme prévu pour réaliser les productions d'une période/temps réellement passé pour réaliser ces mêmes productions).

Compte tenu de ces performances, le devis sera chiffré avec :

– 11,4/0,9 = 12,67 g minimum de matière ;

– 36/0,6 = 60 sec minimum de temps main-d'œuvre.

L'organisme estime donc que les performances prises en compte pour élaborer le devis se reproduiront au cours de la production de cette plaque.

Dépenses fixes

La part fixe du coût de revient d'un produit correspond à toutes les dépenses engagées par l'organisme pour assurer le fonctionnement de ses différentes activités. Elles ne dépendent pas directement ou totalement des référentiels qui leur sont associés et ne sont pas proportionnelles aux quantités fabriquées. Elles sont représentées par :

- les dépenses de main-d'œuvre indirecte ;
- les amortissements des équipements ;
- les frais de locaux ;

- les loyers des voitures de location ;
- les abonnements eau, gaz, téléphone, électricité ;
- les achats de fournitures administratives ;
- etc.

Pour un produit donné, elles sont évaluées à partir du montant de ses dépenses variables ou de son temps de réalisation. Dans les deux cas, il est nécessaire de définir une clé de répartition.

Si l'estimation est fonction du montant des dépenses variables, la clé de répartition est égale au ratio de la somme des dépenses fixes sur la somme des dépenses variables observées sur une période donnée (en général, un exercice comptable).

Ce mode de chiffrage est valable tant que le mixte produit et/ou la définition des produits n'évoluent pas dans le temps. Dans le cas contraire, le ratio d'une période future serait différent de la période passée.

> Dans notre exemple, les dépenses variables nécessaires à la fabrication de cette plaque correspondent à la matière première, à la main-d'œuvre directe de production et à l'emballage. Elles sont estimées à 232,67 euros le mille.
>
> L'analyse du précédent compte de résultats fait apparaître que les dépenses fixes de l'organisme représentent 40 % de ses dépenses variables. Le devis est donc complété en additionnant 40 % de 232,67 euros obtenus précédemment, soit 93,06 euros. Le coût de revient global du produit est donc estimé à 325,73 euros le mille.
>
> Imaginons que le client demande une modification du produit. Il souhaite un changement de matière et demande à l'organisme (son fournisseur) de lui faire un nouveau chiffrage. Le prix d'achat de nouvelle matière est inférieur à l'ancienne. L'estimation des dépenses variables passe à 225 euros le mille. Les dépenses fixes sont alors chiffrées à 90 euros le mille (40 % de 225 euros). Le coût de revient est donc évalué à 315 euros le mille, ce qui peut correspondre aux exigences client mais probablement plus à celles, économiques, de l'entreprise.
>
> En effet, l'amortissement des dépenses fixes passe de 93,06 euros le mille à 90 euros le mille. Ainsi, l'organisme devra vendre plus de produits (+ 3,4 %) s'il veut continuer à amortir ses dépenses fixes par rapport à ses dépenses variables.

Si l'estimation est fonction du temps de réalisation, le montant des charges fixes imputé à un produit est égal au taux horaire des dépenses fixes multiplié par son temps de réalisation.

Pour déterminer la valeur du taux horaire, il est nécessaire d'estimer dans un premier temps le montant total des dépenses fixes de l'organisme sur une période donnée, puis dans un second temps, la somme des temps de réalisation sur cette même période. Le taux horaire est alors égal au ratio des dépenses sur le temps de réalisation.

Il est possible de déterminer un taux horaire par activité, en fonction de la part de valeur ajoutée apportée par chacune d'elles. Dans ce cas, il est important de vérifier que la somme des dépenses fixes associées à chaque activité correspond à la somme des dépenses fixes de l'organisme.

> Dans notre exemple, l'organisme qui réalise les plaques en injection thermoplastique estime ses dépenses fixes annuelles à 100 000 euros.
>
> Le business plan de ce même organisme prévoit une activité nécessitant 10 000 heures d'injection pour les 12 mois à venir. Ainsi, chaque heure d'injection amortira 10 euros de charges fixes.
>
> Le coût de revient d'un produit dont le temps de cycle gamme de l'opération d'injection est prévu à 36 secondes, sera composé de 0,10 euro de dépenses fixes auxquelles s'ajouteront les dépenses de matières, main-d'œuvre directe de production et emballage.

Avant de valider un devis, l'organisme doit vérifier que le coût de revient prévisionnel d'un produit (somme des dépenses variables estimées pour sa réalisation et des dépenses fixes qui lui sont affectées) est inférieur ou égal à son prix de vente.

Respect des devis

L'élaboration d'un devis est une question d'estimations diverses. À ce stade virtuel, il est facile de manipuler des chiffres pour obtenir un coût de revient compatible au prix de vente désiré ou fixé.

La difficulté apparaît lorsque le devis se transforme en commande. On passe alors du virtuel au réel et l'organisme doit réaliser des performances supérieures ou égales aux estimations, c'est-à-dire que :

* l'industrialisation des processus doit aboutir à la définition de référentiels (gammes, nomenclatures) conformes aux prévisions du chiffrage ;

> Dans notre exemple, l'industrialisation aura respecté le devis, si le processus est capable de réaliser une plaque conforme en 36 secondes et avec 11,4 g de matière.
>
> Le poids unitaire net de matière spécifié dans la nomenclature du produit sera de 11,4 g et le temps unitaire instantané de réalisation spécifié dans la gamme sera de 36 secondes.

* les performances de production doivent permettre d'obtenir pour chaque dépense variable des consommations réelles inférieures ou égales à celles estimées.

Dans notre exemple, la production aura respecté le devis, si les performances réelles :

- de consommation matière sont égales ou supérieures à 0,9 (mesurée par le rendement matière) ;
- de consommation temps sont égales ou supérieures à 0,6 (mesurée par l'efficience main-d'œuvre) ;

- le montant réel des dépenses fixes affecté à la réalisation du ou des produits doit correspondre à celui prévu. En fonction du mode de répartition de ces dernières cela revient à vérifier que le montant réel des dépenses fixes de l'organisme correspond à celui estimé et que la charge réelle en heures de transformation de l'organisme correspond à celle estimée, ou bien que le ratio réel des dépenses fixes sur les dépenses variables est conforme à celui prévu.

Dans notre exemple, l'organisme doit vérifier :

- que le ratio des charges réelles fixes sur les charges réelles variables est de 0,4 au maximum ;
- ou bien que les commandes réalisées représentent bien une charge (sur les bases des temps gamme) de 10 000 heures sur une année et que les charges fixes s'élèvent à 100 000 euros sur une année.

Évolution d'un devis dans le temps

Dans un contexte où la demande est inférieure à l'offre, le coût de revient d'un produit, déterminé lors de son chiffrage, n'est jamais figé dans le temps. Si les performances des premières productions permettent d'obtenir un coût de revient réel inférieur ou égal à celui estimé, ce n'est pas pour autant qu'un organisme doive s'en satisfaire durant toute la durée de vie commerciale de ce produit.

En effet, dans ce contexte, les organismes se livrent à une véritable guerre des prix afin de conserver ou augmenter leurs parts de marché et les clients profitent de la situation pour demander régulièrement des baisses.

Cette baisse des prix de vente oblige les organismes à réduire leurs coûts de revient, sans quoi leur pérennité serait mise en danger.

Mais, à performance identique, les coûts de revient suivent actuellement une tendance à la croissance qui s'explique :

- d'une part, parce que les organismes, pour conserver ou augmenter leurs parts de marché proposent à leurs clients :
  - des produits personnalisés qui, pour un même volume d'activité, augmentent le nombre de références commercialisées. La taille des séries diminue ce qui fait que les frais globaux de mise en production augmentent ;
  - un renouvellement plus fréquent de leurs gammes de produits (réduction de leur durée de vie commerciale) qui, pour un volume d'activité équivalent, augmente, entre autres, les frais de marketing, d'étude et d'industrialisation ;
  - des produits de plus en plus techniques qui nécessitent pour leur réalisation de la main-d'œuvre plus qualifiée et des équipements de production plus performants. Leurs taux horaires sont alors plus élevés et augmentent ainsi les dépenses de main-d'œuvre et d'équipement ;
- et d'autre part, parce que les exigences du marché ou du contexte évoluent :
  - les clients exigent des produits de plus en plus parfaits. Les imperfections acceptées hier ne le sont plus aujourd'hui ;
  - les clients demandent des délais de livraison de plus en plus courts. Les organismes doivent mettre en œuvre des moyens pour améliorer leur réactivité ;

– les normes sécurité et environnementales se durcissent. Elles nécessitent des coûts plus élevés pour les respecter ;

– le prix d'achat des matières premières augmente ;

– les taux horaires des ressources (humaines et matérielles) augmentent.

En conclusion, un organisme qui évolue dans ce contexte se doit de maîtriser et d'améliorer sans cesse les performances de ses activités sous peine d'être condamné à plus ou moins court terme.

Maîtriser et améliorer la performance d'une activité

La maîtrise d'une activité, c'est-à-dire son aptitude à réaliser des résultats attendus de manière répétée, dépend de l'efficacité de son organisation.

Cette efficacité est obtenue par la définition d'un système qualité, qui à partir des objectifs politiques décidés par l'organisme permet :

- de planifier la qualité, c'est-à-dire préparer sa mise en œuvre en identifiant et en caractérisant tous les processus nécessaires à la réalisation des activités de l'organisme ;
- de maîtriser, à chaque processus défini, la qualité en termes :
  - de conformité des éléments de sorties (ce qui est réalisé par le processus) ;
  - de professionnalisme (bien faire du premier coup) ;
  - de souci de quantifier par des mesures précises afin de comparer le réel aux objectifs et/ou aux prévisions ;
  - de responsabiliser chaque acteur ;
- d'assurer (donner confiance) aux clients que leurs exigences pour la qualité (conformité, prix, disponibilité) seront satisfaites par la mise en œuvre d'une organisation qui limite les risques (prévention) ;
- d'améliorer les processus, qui comme nous l'avons vu précédemment, sont pénalisés par un ensemble de fluctuations aléatoires qui affectent leurs performances.

Ainsi, le management d'un tel système permet d'organiser chaque activité de manière efficace, c'est-à-dire en mesure de :

- réaliser la qualité exigée par les clients (conformité, prix, disponibilité) ;
- maîtriser les dépenses relatives à cette satisfaction (respecter les estimations réalisées au cours des chiffrages) ;
- pérenniser les performances obtenues.

Nous avons vu que le contexte actuel impose à l'organisme d'améliorer sans cesse les performances de ces processus de manière à ce qu'il respecte son impératif économique.

Ces améliorations sont possibles par la mise en œuvre de démarches ou d'actions visant à réduire les écarts entre les performances attendues et les performances réalisées.

Pour être efficaces, ces démarches ou actions (déclenchées de manière préventive ou curative) doivent avoir pour effet :

- d'augmenter le produit des ventes ;
- de réduire les stocks ;
- de réduire les dépenses de fonctionnement.

Augmentation du produit des ventes

Le produit des ventes ne correspond pas au chiffre d'affaires. C'est une erreur de croire que lorsque le chiffre d'affaires augmente l'entreprise est forcément plus performante.

Dans notre exemple, la plaque de 12 cm^3 est réalisée au départ en polypropylène (densité 0,95 et prix d'achat 1 €/kg). Son prix de vente est de 332,67 euros le mille.

Le client demande à ce qu'elle soit à l'avenir réalisée en ABS afin de respecter de nouvelles exigences (densité de l'ABS 1,05 et prix d'achat : 2 euros le kg). Son prix de vente passe donc à 348,00 euros le mille.

Une série de 1 000 plaques génère donc 15,33 euros de chiffre d'affaires en plus, mais cette amélioration correspond aux dépenses supplémentaires engagées pour l'achat de la matière (en polypropylène : 12,67 euros et en ABS : 28,00 euros).

Le produit des ventes est égal au chiffre d'affaires de la production, duquel sont retirés les achats de matière et de sous-traitance. Il représente la valeur ajoutée.

L'augmentation du produit des ventes s'obtient par :

- une bonne analyse des besoins du marché, réalisée au travers d'études marketing afin d'évaluer au mieux les demandes futures ;
- une bonne écoute des clients, afin de répondre à leurs besoins (*Quality Fonction Deploiement* : QFD) ;
- une connaissance de ses forces et faiblesses ainsi que celle de la concurrence afin de savoir se positionner au mieux ;
- la satisfaction des exigences clients :
  - les prix de vente des produits doivent être attractifs. L'offre doit donc être en stricte adéquation avec la demande (la fonctionnalité des produits proposés ne doit pas être supérieure au besoin réel des clients, afin de ne pas gonfler les coûts de revient). Elle doit résulter d'une bonne définition des produits (analyse fonctionnelle) et d'une bonne conception des fonctions des produits (analyse de la valeur des produits : AV Produit) ;

- le respect de la conformité des produits livrés aux clients en réduisant la production de non-conformes par des actions de prévention (auto-contrôle, AMDEC, capabilité des processus, capabilité des machines, MSP…), et/ou des actions de traitement des aléas rencontrés (méthode de résolution de problèmes, 8D, PDCA…) ;
  - le respect des délais de livraison, par la définition et le respect d'une base de données techniques juste (fichier articles, nomenclatures, gammes, sections…) et par la mise en œuvre, à partir des prévisions commerciales (PC), d'un ordonnancement efficace d'un horizon long terme (PIC, PDP) à un horizon court terme (MRP, kanban, gestion des stocks) ;
- l'analyse des devis non retenus afin de corriger et améliorer les points faibles ;
- la réintégration de toutes les productions sous-traitées à un moment donné par manque de capacité (cette réintégration est la conséquence des améliorations des autres axes de progrès (réduction des stocks et diminution des dépenses de fonctionnement).

La réduction des stocks

Non seulement, les stocks représentent de l'argent qui dort (baisse de la trésorerie, augmentation des besoins en fond de roulement…), mais ils nécessitent également des moyens pour assurer leur gestion. Les coûts de gestion des stocks représentent en moyenne 15 % à 30 % de leur valeur par an :

- coûts de magasinage (salaires, loyers, chauffage, entretien, engins de manutention, informatique, assurances…) ;
- coûts des articles qui ne seront pas vendus parce que devenus obsolètes ou périmés ;
- valeur des intérêts perçus si les capitaux investis dans les stocks avaient été placés.

Les stocks sont généralement proportionnels au temps de défilement (temps qui s'écoule entre le début de la première et la fin de la dernière opération d'un processus).

La réduction des stocks passe donc par une diminution des temps de défilement, ce qui nécessite :

- d'anticiper une partie des activités de manière à mieux maîtriser les demandes dont les cycles commerciaux (délais entre l'émission des commandes et leurs réceptions souhaitées) sont très souvent plus courts que les cycles de production (délais entre l'émission des commandes aux fournisseurs des matériaux nécessaires pour réaliser la commande et la fin de réalisation de ces commandes). Pour ce faire, il est nécessaire d'élaborer à partir du plan commercial (estimation des ventes pour une période donnée) :

- un plan industriel et commercial (PIC), qui précise sur une période long terme (d'un à trois ans en fonction des cycles de production) les productions prévisionnelles mensuelles ou trimestrielles par famille de produit en fonction de l'estimation des demandes et de la politique en matière de stock ;
- un plan directeur de production (PDP), qui précise sur une période moyen terme (de six mois à un an en fonction des cycles de production) les projets d'ordre de fabrication (OF) en fonction des stocks ainsi que des demandes fermes et prévisionnelles ;

- de mieux maîtriser l'offre, c'est-à-dire de respecter les performances de production prévues :
  - en identifiant pour chaque processus mis en œuvre quelle est sa contrainte, (ressource qui régule le débit et dont va dépendre la durée du cycle de production), puis en définissant son mode de gestion (théorie des contraintes) ;
  - en maîtrisant la conformité des produits par des actions préventives, qui évitent la production de non-conformes (AMDEC, MSP, TPM…) ;
  - en fiabilisant les ressources afin d'accroître leur disponibilité (TPM, auto-maintenance, 5S, poka yoke…) ;
  - en réalisant les OF dans les délais prévus par les différentes phases de l'ordonnancement (PIC, PDP mais aussi MRP, kanban, planning de production) par le respect des temps de réalisation définis en fonction des référentiels (gammes) et des performances estimées (efficience main-d'œuvre, TRS) ;

- de sélectionner des fournisseurs qui respectent leurs engagements (conformité des réceptions, respect des délais et des quantités) ;
- de mettre en application une organisation tendant vers le juste-à-temps, défini en fonction de la maîtrise de l'offre et de la demande ainsi que du taux de service des fournisseurs.

Le concept du juste-à-temps a pour but de :

- produire et approvisionner au plus juste en quantités et délais ;
- réduire la taille des lots (mise en œuvre du SMED : *Single Minute Exchange of Die* ou changement rapide d'outils) ;

- réduire la taille des lots de transferts afin de réaliser deux opérations successives sur un même lot de produits de manière simultanée.

La réduction des dépenses de fonctionnement

Les dépenses de fonctionnement représentent l'ensemble des sommes engagées directement ou indirectement en vue de réaliser un produit.

En général, les principales dépenses de fonctionnement d'un organisme concernent :

- les achats de matières, fournitures, composants, accessoires ;
- les frais de personnel ;
- les amortissements des équipements.

Les frais de personnel et les amortissements des équipements ont un point commun, qui est le temps. En fait, pour réaliser ses productions, l'organisme achète en quelque sorte du temps (heures de personnel et/ou d'équipement sur une durée prédéterminée).

Pour réduire les dépenses de fonctionnement, les premières démarches à engager sont axées sur la réduction du coût des achats de matière et de temps. Elles consistent à :

- réduire leurs pertes ;
- optimiser leurs référentiels (nomenclatures et gammes).

Réduction des coûts matière

Réduction des pertes

Répartition de la consommation matière pour réaliser une production donnée

Consommation totale				
Consommation théorique	Consommation due aux pertes			
	Chutes	Gaspillages	Non-qualité	Surdimensionnement

La consommation totale correspond à la quantité de matière utilisée pour réaliser une production donnée. Elle est égale à la quantité de matière sortie du magasin pour réaliser une production, moins, la quantité de matière réintégrée à la fin de cette production.

Elle englobe :

- la consommation théorique de matière, qui représente la quantité strictement nécessaire à utiliser pour réaliser une production donnée en fonction des besoins nets précisés sur la nomenclature. Par exemple, pour fabriquer cent mille plaques injectées dont le poids unitaire net (poids d'une plaque conforme) est de 11,4 g, la consommation théorique normale de matière est de 1,14 tonne ;

- des pertes, qui sont la conséquence des contraintes et des fluctuations aléatoires qui affectent tout processus :
    - les chutes correspondent à la quantité de matière qu'il est nécessaire de mettre en œuvre pour réaliser un produit, mais qui, au final, ne se retrouve pas dans le produit lui-même. Elles sont dues au processus de transformation mise en œuvre et à la conception de la pièce (carottes en injection, paraisons en soufflage, poinçonnages en découpage emboutissage, squelettes de bande en découpage…).
    La réduction de leur coût est obtenue par des actions qui visent à :
        - réduire leurs volumes pour un même niveau d'activité par une optimisation des paramètres du processus mis en œuvre en fonction de la définition du produit ;
        - les réutiliser pour réaliser les produits suivants (broyage des carottes ou des paraisons, puis incorporation de cette matière broyée dans les cycles de production suivants) ;
        - les revendre (certes, le prix de vente des chutes n'est pas comparable au prix d'achat de la matière vierge, mais le coût des pertes est sensiblement diminué) ;
    - le gaspillage correspond à la quantité de matière qui a été sortie pour la réalisation d'une production, qui n'a pas alimenté le processus de réalisation et qui n'a pas été réintégrée en fin de production (matière égarée, matière sortie de son conditionnement mais non transformée par le processus parce que tombée au sol par exemple, vols, mise à la « poubelle » d'unités de conditionnement matière non utilisées en totalité).
    La mise en œuvre d'une démarche 5S et la responsabilisation de chacun permettent de réduire ces pertes ;
    - le surdimensionnement correspond à la différence entre le poids net réel d'un produit et le poids net théorique de ce même produit tel que le précise sa nomenclature.
    Le respect du coefficient de la nomenclature d'un produit, validé par la phase d'industrialisation, dépend des paramètres de réglage du processus, des caractéristiques de la matière première et de la capabilité du processus. Ce surdimensionnement s'optimise par une bonne capabilité des processus et des fiches de réglage performantes ;

– la non-qualité correspond à la quantité de matière qui a été mise en œuvre pour réaliser les produits non conformes. Une démarche d'amélioration de la qualité permet de réduire la production de non conformes, donc de matière consommée (outils qualités : Méthode de résolution de problèmes et ses outils associés, 8D, AMDEC, MSP, capabilité, 5S, plan d'expériences…).

Optimisation des référentiels (nomenclatures)

Lorsque les pertes ne représentent plus un gisement de progrès important et qu'il est nécessaire de réduire encore les dépenses de fonctionnement, il est possible d'optimiser les référentiels matières. Les actions engagées consistent par exemple :

- à changer de matière (prix d'achat moins élevé) (analyse fonctionnelle, analyse de la valeur) ;

- à réduire le poids matière à mettre en œuvre en changeant la définition du produit (paroi plus fine, trous, réduction de dimensions…) (analyse fonctionnelle, analyse de la valeur) ;

- à se regrouper avec d'autres organismes et ainsi bénéficier de l'effet volume pour réduire les prix d'achat matière.

Réduction des coûts du temps

Réduction des pertes

Répartition du temps pour réaliser une production donnée

Temps total passé			
Temps théoriques	Temps des pertes		
	Temps de non-qualité	Temps d'écart d'allure	Temps d'arrêts

Le temps total passé à la réalisation d'une production correspond à la durée qui s'est écoulée depuis le début de sa mise en production (changement d'outil, réglages…) jusqu'à la fin de la production du dernier produit.

Il englobe :

- le temps théorique, qui correspond à la durée strictement nécessaire pour réaliser cette production en fonction des paramètres de sa gamme. Par exemple, pour fabriquer 100 000 plaques injectées dont le temps unitaire instantané est de 36 secondes, le temps théorique est de 1 000 heures ;

- des pertes, qui sont la conséquence des contraintes et des fluctuations aléatoires qui affectent tout processus :
    - les différents arrêts de production :
        - panne de l'équipement (TPM, auto-maintenance, 5S, méthodes de résolution de problème…);
        - panne de l'outillage de transformation (maintenance préventive…);
        - changement de série (SMED);
        - chargement de la matière première (SMED, rouge/vert);
        - évacuation des produits réalisés (rouge/vert);
        - réglage (fiche de réglage, capabilité…);
        - nettoyage (5S);
        - ruptures d'approvisionnement (MRP, gestion des stocks, ordonnancement moyen/long terme…);
        - manque de personnel (ordonnancement moyen/long terme, polyvalence, polycompétence…);
        - attente décision qualité (auto-contrôle…);
        - attente cariste (5S, mise en ligne…);
        - etc.
    - la non-qualité, qui représente le temps passé à réaliser les rebuts et/ou le temps passé à retoucher les produits défectueux. Ce temps se réduit par la mise en œuvre d'une démarche d'amélioration de la qualité;
    - les écarts d'allure, appelés également ralentissements, qui représentent la différence entre la durée réelle de fabrication d'une production (durée pendant laquelle le processus réalise les produits conformes) et sa durée strictement nécessaire (théorique);
- ils s'optimisent par l'élaboration et le respect de fiches de réglages précises, adaptées à chaque référence.

Optimisation des référentiels (gammes)

Lorsque les pertes ne représentent plus un gisement de progrès important et qu'il est nécessaire de réduire encore les dépenses de fonctionnement, il est alors possible d'optimiser les référentiels temps.

Cette optimisation s'obtient par la révision de la conception et de l'industrialisation des produits concernés de manière à diminuer leurs temps de réalisation théoriques.

La ré-industrialisation d'un produit consiste à :

- classer toutes les opérations de son cycle de production en trois catégories :
    - les opérations qui n'apportent pas de valeur ajoutée au produit et qui sont inutiles ;
    - les opérations qui n'apportent pas de valeur ajoutée au produit mais qui sont utiles ;
    - les opérations qui apportent de la valeur ajoutée au produit ;
- analyser ces opérations et rechercher des solutions pour :
    - supprimer les opérations qui n'apportent pas de valeur ajoutée et qui sont inutiles ;
    - réduire la durée des opérations qui n'apportent pas de valeur ajoutée mais qui sont utiles ;
    - optimiser les opérations qui apportent de la valeur ajoutée.

Réduction des autres dépenses de fonctionnement

En fonction de la nature des activités d'un organisme, il est également possible d'identifier, parmi les dépenses de fonctionnement autres que matière, temps des équipements et temps de main-d'œuvre directe, celles susceptibles d'être réduites :

- la masse salariale de main-d'œuvre indirecte (externalisation des activités qui n'occupent pas un salarié à 100 % de son temps) ;
- les frais de locaux (optimisation des surfaces de stockage, de bureaux, d'ateliers…) ;
- les frais financiers (réduction des stocks, délais de règlement clients, délais de paiement fournisseurs…) ;
- les locations diverses (matériels, voiture de service ou de fonction…) ;
- les assurances ;
- les consommables ;
- les énergies (eau, gaz, fioul, électricité…) ;
- etc.

Conditions de mise en œuvre des méthodes et outils

Trop souvent, j'entends dire que telle ou telle technique est mauvaise, parce qu'elle n'a pas permis d'atteindre un résultat attendu. Je pense que ce jugement n'est pas exact.

Il faut en effet être conscient que ces techniques, aussi performantes soient-elles, ne peuvent permettre d'atteindre un objectif qu'à partir du moment où leur mise en œuvre est correcte.

Ces techniques ne fonctionnent pas comme une baguette magique. Il ne suffit pas de les agiter pour que les résultats espérés se réalisent.

Leur mise en œuvre nécessite du temps et des moyens (matériels, humains…) qui coûtent à l'organisme. Il convient donc de ne pas les engager à la légère, sans quoi les sommes investies ne seront jamais amorties en totalité par les gains générés.

Pour exploiter tout leur potentiel, je recommande de respecter la chronologie d'application suivante :

- identifier la situation que l'on souhaite traiter. Elle est révélée, en fonction de sa nature :
    - par la conception et/ou l'industrialisation d'un nouveau produit pour répondre à une demande (organisation) ;
    - par des indicateurs qui révèlent des écarts entre les résultats obtenus et les objectifs (correction) ;
    - par des gisements de progrès (amélioration) ;
- décrire cette situation en répondant à chacune des questions du QQOQCCP et fixer l'objectif à atteindre de manière à bien évaluer le travail à réaliser.
  Ainsi, on s'assure que le traitement de cette situation permettra effectivement d'améliorer l'impératif économique de l'organisme. En d'autres termes, on vérifie que le gain de temps, par exemple, se transformera bien en gain financier, ce qui n'est pas toujours le cas.

Un organisme me consulte pour l'accompagner dans une démarche SMED afin de réduire les temps de changement de production qui étaient d'une durée moyenne d'environ 2 heures et 15 minutes.

> Il est vrai que la méthode SMED est parfaitement adaptée pour traiter ce genre de situation et permet sans difficulté et avec peu d'investissement d'obtenir des résultats très positifs.
>
> Lors de notre entretien, j'ai questionné le dirigeant afin de vérifier si ce gain de temps aurait un impact positif sur l'impératif économique de l'organisme :
>
> – Ce gain de temps permettra-t-il à l'organisme d'améliorer le produit de ses ventes ?
>
> Réponse du dirigeant : « Non, ce gain ne permettra pas d'augmenter nos parts de marché et nous n'avons pas de sous-traitance à récupérer. »
>
> – Ce gain de temps permettra-t-il à l'organisme de réduire ses stocks ?
>
> Réponse du dirigeant : « Non, car nous n'avons pas à proprement parlé de stock. Nos clients nous font parvenir des bruts correspondant à leurs besoins, que nous transformons, puis réexpédions et ce dans un délai de deux semaines maximum. Nous n'avons donc pas la maîtrise de la taille des lots. »
>
> – Ce gain de temps permettra-t-il à l'organisme de réduire ses principales dépenses de fonctionnement ?
>
> Réponse du dirigeant : « Non, ce gain ne permettra pas de réduire le parc machine, le coût du personnel en charge du pilotage de ces machines ou les dépenses de matière. »
>
> Conclusion, cette démarche n'a pas été engagée puisqu'elle aurait coûté à l'organisme (pour sa mise en œuvre) et ne lui aurait rien rapporté.

- rechercher les causes premières de l'écart entre la situation vécue et la situation souhaitée (5 Pourquoi, Pareto…) ;
- rechercher des solutions permettant de traiter ces causes premières (brainstorming) ;
- choisir les solutions les plus pertinentes (matrice de compatibilité, Pareto…) ;
- planifier et mettre en œuvre les solutions retenues (plan d'actions, Gantt, PERT…) ;
- valider l'efficacité des solutions (indicateurs, capabilité, SPC…).

Ne pas négliger également le fait qu'un même problème concerne dans la plupart des cas plusieurs personnes. Par conséquent, il est important que tous ceux qui sont touchés par un problème participent à sa résolution. Une personne, aussi cultivée soit-elle, ne peut pas, à elle seule, résoudre un problème avec autant d'efficacité qu'un groupe. Il est nécessaire de recenser les idées de tous afin d'assurer une bonne résolution (délai et qualité).

Les indicateurs

Les indicateurs représentent des outils indispensables d'aide à la décision, pour toutes les personnes qui ont en charge le management d'un processus, quel qu'il soit.

Il est en effet, tout aussi inconcevable de piloter efficacement sa voiture sans tableau de bord (ensemble d'indicateurs : compteur de vitesse, compteur kilométrique, niveau de carburant…) que de manager correctement un processus sans :

- mesurer ses performances ;
- suivre l'évolution de ses performances ;
- comparer ses performances à l'objectif fixé.

Ainsi, lorsqu'un indicateur révèle un écart entre les performances réalisées et les performances attendues, il est possible de déclencher une action.

La création d'un indicateur doit répondre à plusieurs principes :

- être pertinent, c'est-à-dire cohérent par rapport aux orientations décidées par la direction de l'organisme ;
- être facilement mesurable ;
- être facilement exploitable, c'est-à-dire permettre d'orienter facilement l'action à engager afin de traiter l'écart révélé ;
- définir un objectif qui représente la performance visée en fonction des moyens engagés. L'objectif doit être ambitieux (intérêt), mais rester réaliste (pour ne pas décourager).

Pour déterminer les indicateurs qu'un processus doit suivre, il est nécessaire de se poser différentes questions :

- quelle est ou quelles sont la ou les finalités, le ou les buts de ce processus ?
- quel(s) paramètre(s) du processus permet(tent) d'évaluer sa performance ?
- comment mesurer ces paramètres importants (quelle unité de mesure, qui mesure, où mesurer, quand mesurer, fréquence de mesure, méthode de mesure… ?) ?

Un indicateur n'a d'intérêt que lorsqu'il est exploité. Pour bien faire, il est donc nécessaire de ne pas chercher à suivre un trop grand nombre d'indicateurs par processus. Il est préférable de privilégier la qualité à la quantité.

Un indicateur doit être :

- affiché à l'endroit où est réalisée la performance de la caractéristique ou du paramètre suivi. Il n'y a aucune utilité à ce qu'il se trouve dans un tiroir de bureau, puisqu'il ne permettrait pas aux acteurs du processus de déclencher une éventuelle action en fonction des résultats produits (imaginez que le compteur de vitesse de votre voiture se trouve sous le capot moteur !) ;
- tenu à jour continuellement et renseigné le plus possible en temps réel (afficher les performances de mars lorsque l'on est en juin n'a que peu d'intérêt) ;
- exploité en relatif plutôt qu'en absolu. Il est inutile et dangereux de vouloir mesurer une performance afin de la comparer à celle d'une autre activité ou d'un autre organisme. En effet, l'indicateur n'est probablement pas calculé avec la même méthode, les caractéristiques des processus peuvent être différentes, la précision de la mesure n'est peut-être pas identique, les exigences ne sont probablement pas les mêmes, …

Il est donc préférable de comparer les performances d'une activité d'une période à une autre en ayant pris soin de les évaluer avec les mêmes référentiels.

FICHES OUTILS

AMDEC moyen

Objectif

Valider la conception et le plan de maintenance d'un moyen de production afin de garantir :

* sa fiabilité ;
* sa maintenabilité.

Proposer des modifications éventuelles de conception, de réalisation ou d'exploitation.

Enjeux

Garantir ou améliorer la disponibilité d'un moyen de production.

Réduire les coûts de maintenance.

Garantir la qualité du produit fabriqué.

Garantir la sécurité (des opérateurs de production, des agents de maintenance, de l'environnement…).

Respecter les temps gamme.

Principe

L'AMDEC moyen est un outil d'analyse rigoureux qui permet d'éliminer les risques de dysfonctionnement d'un équipement de production :

* en listant les défaillances potentielles imputables à chaque fonction de l'équipement ;
* en recherchant des actions préventives afin d'éviter l'apparition de ces défaillances.

L'AMDEC est un travail de groupe qui met en commun l'expérience et les compétences de chaque participant.

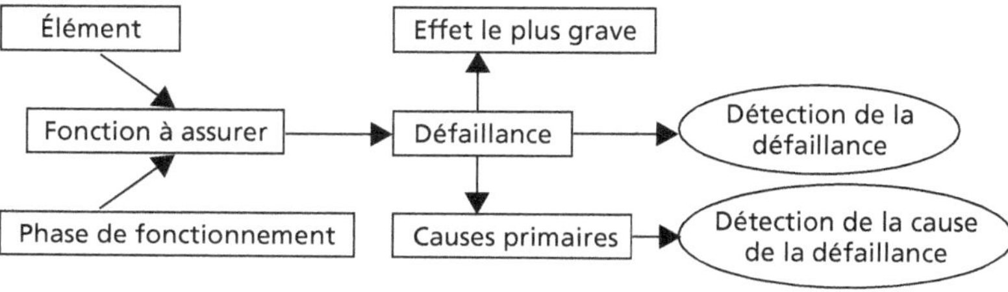

Étapes de mise en application

Préparation

Choisir l'équipement à étudier.

Créer le groupe de travail :

- un animateur/pilote, garant de la méthode, de l'analyse et de son aboutissement ;
- des participants concernés par l'analyse (maintenance, méthodes, fabrication, qualité) ;
- des spécialistes ou experts (ponctuellement en cas de difficultés).

Constituer le dossier :

- fonctions de l'équipement et ses contraintes (cahier des charges, plans, nomenclature) ;
- historique maintenance sur des équipements similaires ;
- environnement de l'équipement (où est-il monté ?) ;
- décomposition fonctionnelle de l'équipement ;
- exigences de fabrication, étude de capabilité, AMDEC processus ;
- objectifs qualité, fiabilité, maintenabilité, disponibilité et sécurité.

Application

Rechercher les défaillances potentielles : à partir de sa décomposition fonctionnelle, analyser les fonctions de l'équipement et rechercher, pour chacune d'elle, les défaillances potentielles selon les quatre modes :

- la fonction n'est pas réalisée ;
- la fonction cesse de se réaliser ;
- la fonction est réalisée de manière dégradée ;
- la fonction est réalisée par intermittence.

Décrire l'effet de chaque défaillance potentielle, pour le client.

Énumérer pour chaque défaillance potentielle toutes les causes possibles.

Calculer l'indice de criticité (C) de chaque cause de défaillances potentielles : $C = D \times O \times S$.

- D : probabilité de ne pas détecter une cause de défaillance en fonction du plan de maintenance prévu ;
- O : probabilité que la cause existe et qu'elle entraîne la défaillance ;
- S : gravité de l'effet de la défaillance (temps d'intervention, qualité, sécurité).

Hiérarchiser les défaillances :
- classer les défaillances potentielles par importance ;
- recenser celles dont l'indice de criticité est supérieur à la limite fixée par le groupe.

Rechercher les actions correctives pour résoudre les défaillances retenues.

Réévaluer les défaillances en tenant compte des actions correctives : si l'indice de criticité est toujours supérieur à la limite fixée, rechercher d'autres actions correctives.

Planifier et mettre en œuvre les actions prévues.

Valorisation et suivi

Vérifier la conformité des actions engagées :
- effectuer des mesures pratiques ;
- rechercher d'autres actions correctives si les résultats attendus ne sont pas confirmés.

Principaux acteurs

Production : ×

Maintenance : ×

Méthodes : ×

Qualité : ×

Logistique : ×

Études : ×

Gestion : ×

Méthodes et outils associés

– Analyse fonctionnelle

– Analyse de processus

– Capabilité

– SPC

– Méthode de résolution de problèmes et ses outils

– Poka yoke

AMDEC processus

Objectif

Valider la gamme de fabrication d'un produit en fonction de sa conception.

Proposer des modifications éventuelles de la gamme de fabrication pour garantir au mieux les exigences qualité client.

Enjeux

Satisfaire aux exigences qualité client.

Éviter la production de défauts.

Réduire les coûts de non-qualité.

Respecter les délais.

Éviter les coûts de modification du processus (équipements, outillages, organisation…).

Principe

L'AMDEC processus est un outil d'analyse rigoureux qui permet d'éliminer les risques de production de produits non conformes dus à la définition du processus :

- en listant les défauts potentiels imputables à chaque opération;
- en recherchant des actions préventives afin d'éviter l'apparition de ces défauts.

L'AMDEC processus est un travail de groupe qui met en commun l'expérience et les compétences de chaque participant.

Cette méthode fait ressortir la nécessité de mettre en place des dispositifs anti-erreurs (poka yoke).

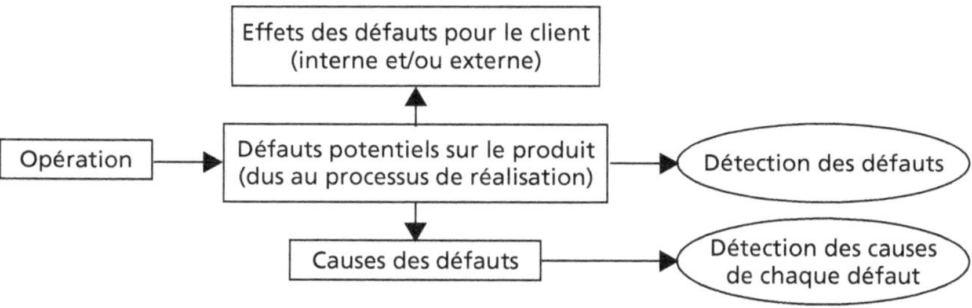

Étapes de mise en application

Préparation

Choisir le processus à étudier.

Créer le groupe de travail :

* un animateur/pilote, garant de la méthode, de l'analyse et de son aboutissement ;
* des participants concernés par l'analyse (études, méthodes, fabrication, qualité…) ;
* des spécialistes ou experts (ponctuellement en cas de difficultés).

Constituer le dossier :

* fonctions du produit ;
* environnement du produit ;
* exigences de fabrication ;
* objectifs qualité et fiabilité ;
* conditionnement du produit ;
* historique qualité sur des produits similaires ;
* décomposition du processus (diagramme flux) ;
* plan de surveillance prévisionnel.

Application

Rechercher les défauts potentiels : à partir du diagramme flux, analyser les opérations composant le processus et rechercher, pour chacune d'elles, les défauts potentiels selon les quatre modes de défaillance :

* l'opération n'est pas réalisée ;
* l'opération est réalisée de manière dégradée ;
* l'opération est réalisée par intermittence ;
* l'opération cesse de se réaliser.

Décrire l'effet de chaque défaut potentiel, pour le client.

Énumérer pour chaque défaut potentiel toutes les causes possibles.

Calculer l'indice de criticité (C) de chaque cause de défaut potentiel : $C = D \times O \times S$:

* D : probabilité de ne pas détecter une cause de défaut en fonction du plan de surveillance prévu ;
* O : probabilité que le processus génère le défaut ;
* S : gravité de l'effet du défaut pour le client.

Hiérarchiser les défauts :

- classer les défauts potentiels par importance ;
- recenser ceux dont l'indice de criticité est supérieur à la limite fixée par le groupe.

Rechercher les actions correctives pour résoudre les défauts retenus.

Réévaluer les défauts en tenant compte des actions correctives : si l'indice de criticité est toujours supérieur à la limite fixée, rechercher d'autres actions correctives.

Planifier et mettre en œuvre les actions prévues.

Valorisation et suivi

Vérifier la conformité des actions engagées :

- effectuer des mesures pratiques ;
- rechercher d'autres actions correctives si les résultats attendus ne sont pas confirmés.

Principaux acteurs

Production : ×

Maintenance : ×

Méthodes : ×

Qualité : ×

Logistique : ×

Études : ×

Gestion : ×

Méthodes et outils associés

- Analyse fonctionnelle
- Analyse de processus
- Capabilité
- SPC

- Méthode de résolution de problèmes et ses outils
- Poka yoke

AMDEC produit

Objectif

Valider la conception d'un produit en s'assurant que toutes les fonctions du cahier des charges seront respectées et réalisées de manière conforme.

Proposer des modifications éventuelles du produit.

Enjeux

Satisfaire aux exigences qualité client.

Réduire les coûts d'étude (éviter les modifications de conception après l'industrialisation du produit).

Éviter des coûts de modification portant sur le processus de réalisation du produit (équipements, outillages, organisation…).

Principe

L'AMDEC produit est un outil d'analyse rigoureux qui permet d'éliminer les risques de production de produits non conformes dus à la conception du produit :

- en listant et en hiérarchisant tous les défauts potentiels d'un produit, imputables à la conception de chacune de ses fonctions élémentaires;
- en recherchant des actions préventives afin d'éviter l'apparition de ces défauts les plus importants.

L'AMDEC est un travail de groupe qui met en commun l'expérience et les compétences de chaque participant.

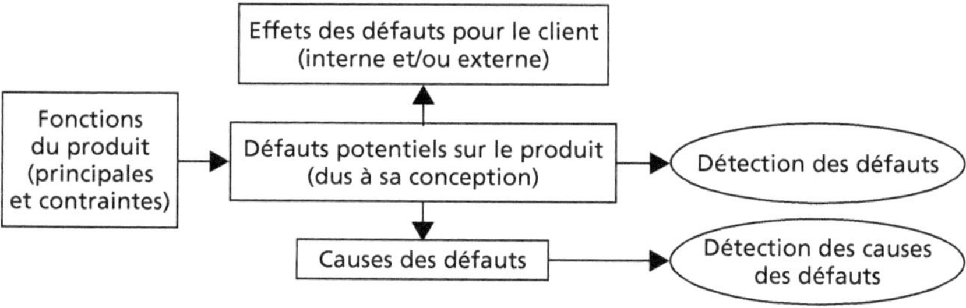

Étapes de mise en application

Préparation

Choisir le produit à étudier.

Créer le groupe de travail :

- un animateur/pilote, garant de la méthode, de l'analyse et de son aboutissement ;
- des participants concernés par l'analyse (études, méthodes, fabrication, qualité…) ;
- des spécialistes ou experts (ponctuellement en cas de difficultés).

Constituer le dossier :

- analyse fonctionnelle du produit ;
- plan du produit ;
- spécifications techniques (sécurité…) ;
- calculs et vérifications (chaînes de cotes) ;
- contraintes de fabrication ;
- programme d'essai ;
- objectifs qualité et fiabilité ;
- historique qualité sur produits similaires.

Application

Valider l'analyse fonctionnelle.

Rechercher les défauts potentiels : à partir du cahier des charges fonctionnelles, analyser les fonctions du produit et rechercher pour chacune d'elle, les défauts potentiels selon les 4 modes de défaillance :

- la fonction n'est pas réalisée ;
- la fonction est réalisée de manière dégradée ;
- la fonction cesse de se réaliser ;
- la fonction est réalisée par intermittence.

Décrire l'effet ou les effets de chaque défaut potentiel, pour le client.

Énumérer pour chaque défaut potentiel toutes les causes possibles.

Calculer l'indice de criticité (C) de chaque cause de défaut potentiel :
$C = D \times O \times S$:

- D : probabilité de ne pas détecter une cause de défaut avant diffusion du plan officiel ;
- O : probabilité que la conception génère le défaut ;

- S : gravité de l'effet du défaut pour le client (de l'effet le plus important).

Hiérarchiser les défauts :

- classer les défauts potentiels par importance.
- recenser ceux dont l'indice de criticité est supérieur à la limite fixée par le groupe.

Rechercher les actions correctives pour résoudre les défauts retenus.

Réévaluer les défauts en tenant compte des actions correctives : si l'indice de criticité est toujours supérieur à la limite fixée, rechercher d'autres actions correctives.

Mettre à jour les plans

Valorisation et suivi

Vérifier la conformité des actions engagées :

- effectuer des mesures pratiques en production et en clientèle ;
- rechercher d'autres actions correctives si les résultats attendus ne sont pas confirmés.

Principaux acteurs

Maintenance : ×   Logistique :

Production : ×   Études : ×

Méthodes : ×   Gestion :

Qualité : ×

Méthodes et outils associés

– Analyse fonctionnelle   – Méthode de résolution de
– Capabilité   problèmes et ses outils
– SPC

Analyse de la valeur

Objectifs

Réaliser au moindre coût un produit ou un service :

- vérifier que chaque fonction d'un produit ou chaque activité d'un processus correspond à un réel besoin;
- évaluer le coût de chaque fonction ou activité.

Enjeux

Réduire les coûts de revient (AV sur produits existants).

Concevoir des produits (AV conception).

Réduire le temps de défilement d'un processus (AV sur processus).

Améliorer un service (AV administrative ou tertiaire).

Principe

L'analyse de la valeur (AV) est une méthode de questionnement et de remise en cause.

Une démarche d'analyse de la valeur ne peut être engagée qu'à partir du moment où la remise en cause de l'existant n'est pas un obstacle.

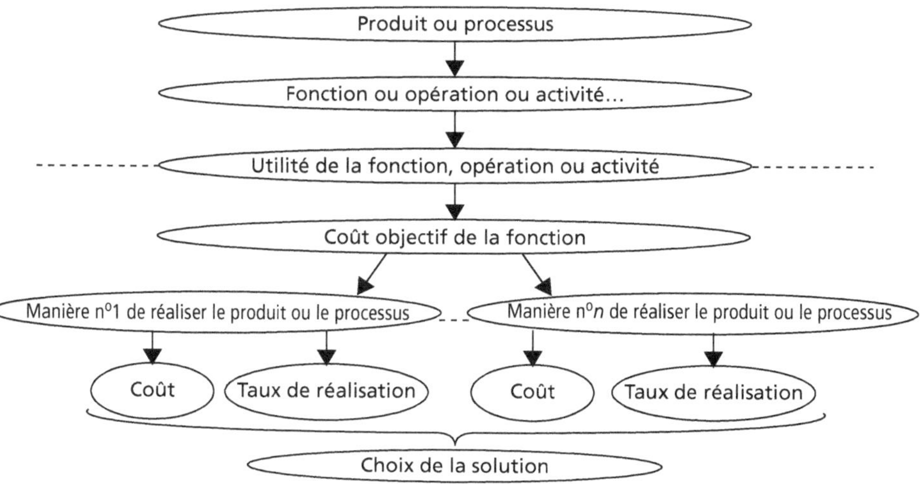

Étapes de mise en application

Préparation

Définir et paramétrer la démarche : objet, cadre de l'étude, origine de la demande, objectifs à atteindre, moyens à mettre en œuvre, analyse des risques préliminaires…

Organiser la démarche : constitution du groupe de travail et établissement du planning des réunions.

Application

Rechercher les données nécessaires :

- informations internes et externes, techniques à mettre en œuvre, concurrence… ;
- études de marché détaillées ;
- bibliographie, propriété intellectuelle, lois, réglementations, normes…

Réaliser l'analyse fonctionnelle, l'analyse des coûts et définir les objectifs :

- expression des besoins et analyse fonctionnelle (cahier des charges fonctionnelles) à AV produit ;
- expression des besoins et synoptique de réalisation à AV processus ;
- définition du coût global et des coûts par fonction ou par opération ;
- détermination des objectifs détaillés et de leurs critères d'appréciation.

Rechercher des idées de solution : idées existantes ou nouvelles.

Évaluer les idées de solution :

- analyse critique et combinaisons d'idées ;
- sélection des idées à développer ;
- chiffrage des idées retenues.

Développer les idées de solution retenues :

- études, essais, industrialisation ;
- suivi et coordination.

Évaluer les solutions : qualitativement, économiquement, analyse des risques.

Présenter les solutions : mise en forme et argumentation.

Valorisation et suivi

Choisir la solution.

Mettre en œuvre la solution retenue.

Principaux acteurs

Production :   Logistique :
Maintenance :   Études : ×
Méthodes : ×   Gestion : ×
Qualité : ×

Méthodes et outils associés

– Analyse fonctionnelle   – Matrice de compatibilité
– Groupe de travail   – Brainstorming
– QQOQCCP   – Plan d'actions
– Pareto

Analyse fonctionnelle

Objectif

Connaître parfaitement le produit en termes de fonctions à réaliser.

Enjeux

Élaborer un cahier des charges fonctionnelles.
Engager une démarche d'analyse de la valeur.

Principe

L'analyse fonctionnelle s'applique dans le cadre d'un groupe de travail, au cours duquel on utilise la rosace des fonctions (méthode APTE®), pour trouver l'ensemble des fonctions (principales et contraintes) d'un produit (cahier des charges fonctionnelles).

Afin d'identifier toutes les fonctions d'un produit, on considère successivement ce dernier dans ses différentes situations de vie.

On ne considère pas les étapes intermédiaires de sa fabrication.

Le cahier des charges permet au groupe de travail de bien se détacher des solutions technologiques pour se consacrer à l'essentiel : la fonction.

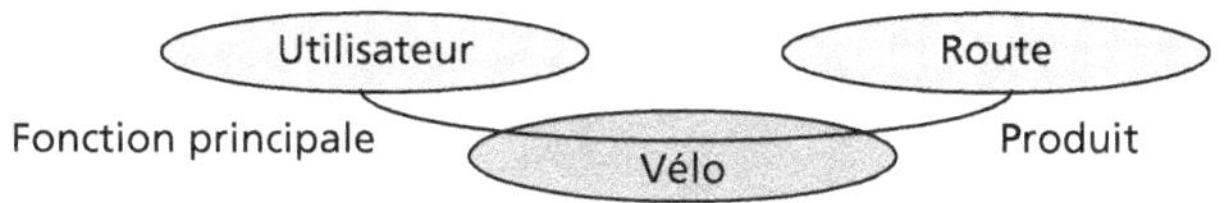

Fonction principale = Permettre à l'utilisateur de se déplacer sur une route.

- Type	- Vitesse	- Type
- Âge	- Autonomie	- Dimension
- Catégorie	- Conditions	- Revêtement
- Etc.	- Etc.	- Pente
		- Etc.

Étapes de mise en application

Préparation

Choisir le produit pour lequel on souhaite élaborer son cahier des charges fonctionnelles.

Constituer le groupe de travail.

Déterminer toutes les situations de vie du produit :

- utilisation ;
- réglage ;
- stockage ;
- entretien ;
- transport ;
- etc.

Application (pour chaque situation de vie)

Inscrire le produit sur un post'it® et placer ce dernier au centre du tableau.

Recenser et noter sur des post'it® tous les éléments extérieurs ayant une influence sur le produit.

Positionner les post'it® des éléments extérieurs autour du produit.

Rechercher les fonctions principales (Fp) : une fonction principale est une fonction qui met en relation deux éléments du milieu extérieur par l'intermédiaire du produit. Une fonction principale donne l'utilité au produit. Si elle est défaillante, le produit perd sa raison d'être.

Rechercher les fonctions contraintes (Fc) : une fonction contrainte est une fonction qui met en relation un élément du milieu extérieur avec le produit. Une fonction contrainte est une fonction imposée du produit :

- réglementation ;
- normes ;
- milieu ;
- etc.

Exprimer les fonctions : verbe à l'infinitif associé à l'élément ou aux éléments du milieu extérieur concernés.

Caractériser les fonctions : en leur attribuant des critères de valeur, qui expriment :

- les caractéristiques des éléments du milieu extérieurs (qui ? quoi ? comment ?) ;
- les performances ou les propriétés du verbe (de quelle manière ? quand ? où ? combien de fois ?).

Valorisation et suivi

Rédiger le cahier des charges fonctionnelles : ensemble des fonctions exprimées + critères de valeur.

Principaux acteurs

Production : ×

Maintenance : ×

Méthodes : ×

Qualité : ×

Logistique : ×

Études : ×

Gestion : ×

Méthodes et outils associés

Groupe de travail

Auto-contrôle

Objectif

Maîtriser un processus.

Enjeux

Réduire la non-qualité.
Respecter les délais.
Améliorer l'efficience.
Améliorer la sécurité.
Réduire les retours clients.
Etc.

Principe

Un poste est considéré en auto-contrôle lorsqu'il est capable de garantir la qualité de sa production en :

- réalisant des pièces conformes (conformité de la production) :
  - équipement de production adapté et capable (MSP);
  - environnement de travail propre, rangé, organisé, ergonomique (5S);
  - compétences de l'opérateur (formation, expérience);
  - processus efficace, maîtrisé et documenté (gamme, instructions techniques...);
  - équipement de production fiable (maintenance préventive, TPM, auto-maintenance);
  - approvisionnements conformes (audits fournisseurs);
- réaliser des mesures justes (justesse de la mesure) :
  - moyens de contrôle capables et adaptés à la mesure;
  - moyens de contrôle étalonnés;
  - environnement de travail propre, rangé, organisé, ergonomique (5S);
  - compétences de l'opérateur (formation, expérience);
  - gammes de contrôle efficaces;
  - influence de la pièce à contrôler (zone de mesure, rigidité...).

Étapes de mise en application

Préparation

Choisir le processus à mettre en auto-contrôle.

Application

Appliquer les principes des 5S au poste choisi.

Définir le processus mis en œuvre :

- caractériser le processus ;
- réaliser le logigramme ;
- vérifier la conformité du dossier de production (gamme, nomenclature, spécifications, instructions…) ;
- vérifier la capabilité du processus ;
- créer une fiche de poste :
    - identification du poste et description de la ou des tâches à exécuter (préférer des photos, dessins, schémas aux textes) ;
    - compétences requises ;
    - description des moyens de production et de contrôle à utiliser ;
    - points sensibles à surveiller.

    La fiche de poste permet de garantir que le processus sera appliqué sans dérive et représente le référentiel à l'occasion des audits.

Mettre en place des «poka yoke» pour éviter la production de non-conformités.

Créer le plan de surveillance afin de préciser :

- l'opération concernée ;
- les critères à contrôler (caractéristiques et/ou paramètres) ;
- la valeur attendue pour chaque critère ;
- les moyens de contrôle à utiliser ;
- la référence à un mode opératoire détaillé de contrôle (si nécessaire) ;
- la fréquence de contrôle ;
- la fonction qui doit réaliser le contrôle ;
- l'enregistrement à effectuer (carte de contrôle, graphique, feuille de relevés) ;
- la marche à suivre en cas de non-conformité (isolement et comptabilisation).

Vérifier la capabilité des moyens de mesure :
- vérifier que la dispersion du moyen de mesure est adaptée aux exigences;
- vérifier que la méthode de contrôle est adaptée à la caractéristique à mesurer;
- s'assurer que les moyens de contrôle sont étalonnés;
- créer une panoplie référence (si mesure impossible).

Définir les compétences nécessaires à la tenue du poste et former le personnel.

Valorisation et suivi

Définir le mode d'information de la qualité vers le poste : informer des résultats obtenus et constituer des indicateurs.

Vérifier le respect des dispositions définies (audit : méthode IEMSE par exemple).

Principaux acteurs

Production : ×

Maintenance : ×

Méthodes : ×

Qualité : ×

Logistique : ×

Études : ×

Gestion : ×

Méthodes et outils associés

- 5S
- Méthode de résolution de problèmes
- Capabilité

- MSP, TPM
- Processus
- Poka yoke

Auto-maintenance

Objectif

« Redonner » l'outil de travail au personnel de production.

Responsabiliser le personnel sur la performance des équipements de production.

Valoriser le travail du personnel de production.

Enjeux

Optimiser les coûts de revient.

Respecter les délais définis par la planification.

Améliorer la réactivité.

Améliorer la qualité.

Améliorer la sécurité.

Augmenter la durée de vie des équipements.

Libérer du temps au service maintenance.

Principe

Confier aux opérateurs de production des actions de surveillance et de maintenance des équipements qu'ils utilisent :

- nettoyage ;
- lubrification ;
- graissage ;
- changements simples de pièces d'usure ;
- inspection partielle de l'installation :
    - vérification des niveaux ;
    - contrôle des serrages ;
    - vérification des organes de sécurité ;
    - propreté ;
    - etc. ;
- surveillance visuelle ;
- surveillance sonore.

L'opérateur observe, inspecte, écoute, comprend son équipement et participe au diagnostic des aléas.

Étapes de mise en application

Préparation

Choisir les équipements.

Informer les opérateurs.

Nettoyer et remettre en ordre les équipements choisis : appliquer les 5S aux équipements concernés (tri de l'inutile, traitement des causes de salissure, remises en état, rangement…).

Établir les standards de nettoyage et de graissage :
- lister les zones à nettoyer, les éléments à nettoyer et les graissages à effectuer ;
- déterminer le matériel à utiliser et la fréquence de réalisation ;
- préciser le responsable de l'action et le temps alloué.

Établir les check-lists d'inspection en fonction des recommandations constructeurs, analyse AMDEC et de l'expérience.

Établir les gammes de maintenance préventive en fonction des recommandations constructeurs, analyse AMDEC et de l'expérience.

Application

Former le personnel de production : donner les bases aux opérateurs de production de manière à ce qu'ils soient en mesure d'effectuer les inspections et les gammes de maintenance préventive décidées. Les formations concernent les techniques suivantes :
- pneumatique 1 : tuyauteries et assemblages ;
- pneumatique 2 : soupapes et vérins ;
- lubrifications et graissages ;
- mécanique élémentaire, boulons ;
- électricité ;
- entraînements : moteurs, réducteurs, boîtes de vitesses, pignons poulies ;
- hydraulique.

Déroulement des modules de formations (durée de chaque module : 2 heures environ) :
- présentation des matériels (noms et fonctions) ;

- analyse des incidents et maintenance corrective;
- méthode d'inspection;
- inspection de l'installation;
- explication des opérations de la gamme de maintenance préventive;
- réalisation des opérations de maintenance préventive.

Établir le planning d'auto-maintenance.

Réaliser les actions d'auto-maintenance.

Valorisation et suivi

Contrôler le déroulement de l'application.

Transférer des tâches complémentaires de maintenance préventive (selon les compétences des opérateurs de production).

Principaux acteurs

Production : ×   Logistique :
Maintenance : ×   Études :
Méthodes : ×   Gestion : ×
Qualité : ×

Méthodes et outils associés

– 5S   – Méthodes de résolution de
– TPM   problème
– AMDEC

Brainstorming (Remue-méninges)

Objectif

Sur un thème donné, produire un maximum d'idées en un minimum de temps, dans des conditions agréables.

Enjeux

Sélectionner un sujet
Rechercher des causes
Rechercher des solutions
Etc.

Principe

Le *brainstorming*, appelé aussi « remue-méninges » ou « tempête dans le cerveau » est un outil de créativité, qui se pratique dans le cadre d'un groupe de travail.
Sur un thème donné, le brainstorming se déroule en respectant des règles :
- tout dire (variété, diversité) ;
- en dire le plus possible (la quantité prime sur la qualité) ;
- piller les idées des autres (analogies, variantes, oppositions, contraires…) ;
- ne pas commenter, ne pas censurer, ne pas critiquer les idées émises ;
- participer dans la bonne humeur.

Étapes de mise en application

Préparation

Choisir le thème.
Constituer le groupe de travail.

Application

Présenter le thème :
- écrire le thème ;
- expliquer le thème.

Rappeler les règles du brainstorming : pour garantir la réussite.
Fixer un objectif, par exemple : 100 idées en 30 minutes.

Laisser les participants du groupe de travail réfléchir individuellement sur le thème pendant environ 5 à 10 minutes.

Produire les idées :

- si possible, les exprimer par un sujet, un verbe et un complément ;
- pas d'ordre dans la prise de parole (veiller toutefois à ce que tout le monde participe) ;
- noter les idées émises (sur une note repositionnable de préférence) ;
- numéroter chaque idée.

Exploiter les idées émises (lorsque l'objectif est atteint) :

- relire chaque idée et la commenter si nécessaire (commentaire de l'émetteur) ;
- souligner les mots clés ;
- rejeter les idées hors sujet ;
- regrouper les idées de même nature ;
- classer les idées par sous thèmes.

Valorisation et suivi

Veiller au respect des règles.

Utiliser des outils complémentaires pour sélectionner une ou plusieurs idées parmi toutes celles émises :

- vote pondéré ;
- matrice de compatibilité ;
- etc.

Principaux acteurs

Production : ×   Logistique : ×

Maintenance : ×   Études : ×

Méthodes : ×   Gestion : ×

Qualité : ×

Méthodes et outils associés

– Groupe de travail   – Vote pondéré

– Méthodes de résolution de   – Hishikawa
  problèmes

– Matrice de compatibilité

Capabilité machine

Objectif

Vérifier que le procédé de fabrication est capable de garantir, dans la durée, l'obtention de produits dans les tolérances fixées.

Enjeux

Garantir la répétitivité des productions pour répondre strictement aux exigences qualité clients.

Permettre de fiabiliser et d'optimiser le processus en termes de :

- performance qualité (tendre vers 0 PPM et 0 retour client);
- coût non-qualité;
- temps de cycle.

Principe

Pour qu'une machine soit capable, il est nécessaire que la dispersion naturelle de ses performances, sur une période long terme, soit plus petite et à l'intérieur d'un intervalle de tolérance fixé.

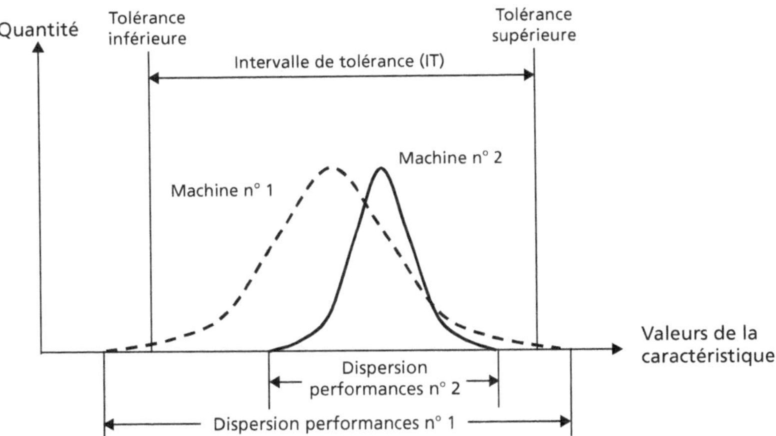

La machine n° 1 n'est pas performante - La machine n° 2 est performante.

Étapes de mise en application

Préparation

Choisir le produit et le processus.

Régler le processus selon les modalités de la gamme.

Application

Prélever au moins une centaine de pièces au cours d'une longue période (en général, une semaine si l'importance de la production le permet).

Le but est de vérifier sur le long terme que les produits livrés aux clients satisferont à leurs exigences, lorsque le processus est soumis aux :

- causes aléatoires, qui sont inhérentes au processus, normales, nombreuses, de faible effet individuel et indépendantes les unes des autres. Elles sont traitées par l'amélioration continue de la qualité;
- causes assignables, qui sont accidentelles, dues à un facteur non maîtrisé, anormales, peu nombreuses, ont des effets importants, identifiables. Elles sont traitées par la MSP (maîtrise statistique des procédés).

Mesurer les pièces prélevées et relever les résultats.

Réaliser l'histogramme des mesures.

Vérifier si la distribution suit la loi normale (de manière à calculer le pourcentage hors tolérance éventuel) :

- en traçant la droite d'Henry;
- visuellement (en forme de «chapeau de gendarme»).

Calculer la performance intrinsèque du processus (Pp). La performance intrinsèque du processus vérifie que la dispersion naturelle long terme du processus est inférieure à l'intervalle de tolérance (IT) :

$$Pp = IT/6 \text{ Écarts types}$$

Si Pp est supérieur au minimum requis, alors vérifier l'indicateur de déréglage du processus (Ppk).

Cet indicateur vérifie que la dispersion naturelle long terme du processus est à l'intérieur de l'intervalle de tolérance :

Ppk = (Distance entre la moyenne et la limite la plus proche)/ 3 écarts types

Remarques

1. Si la distribution ne suit pas la loi normale ou/et si Pp ou/et si Ppk est inférieur au minimum requis, alors prélever de nouvelles pièces après avoir modifié les réglages.
2. Dans les cas de montage, il se peut que Pp et Ppk soient insuffisants pour dire si le processus est performant. Afin de s'assurer que la moyenne de la dispersion est centrée au plus près de la cible, il est de plus en plus fréquent de mesurer un indicateur lié à la cible (Ppm) :

$$\text{Ppm} = \text{IT}/6 \sqrt{(\text{écart type})^2 + (\text{moyenne} - \text{cible})^2}$$

Valorisation et suivi

Si Pp, Ppk et Ppm *sont supérieurs au minimum requis*, possibilité de poursuivre l'étude statistique de manière à mettre sous surveillance le processus en renseignant des cartes de contrôle.

Le minimum requis représente une exigence client. En règle générale, il est d'au minimum 1,33.

Principaux acteurs

Production : ×   Logistique :

Maintenance : ×   Études :

Méthodes : ×   Gestion :

Qualité : ×

Méthodes et outils associés

– Gamme   – Écart type

– Droite d'Henry   – MSP (SPC)

Chronométrage

Objectif

Déterminer les temps unitaires de production d'un article.

Enjeux

Vérifier la cohérence du temps vendu (devis) avec la réalité.

Calculer et valoriser la charge de travail.

Planifier les productions.

Respecter les délais.

Évaluer le temps des différentes opérations (VA, non VA, fréquentielles…).

Principe

Le temps de réalisation d'un travail correspond à la somme des durées de chacune de ses opérations.

Les opérations sont systématiques (effectuées à chaque cycle de réalisation) ou fréquentielles (effectuées selon une fréquence déterminée)

Le temps de réalisation d'une opération dépend de sa nature et de l'allure à laquelle elle est effectuée (jugement d'allure : JA) :

- Le jugement d'allure normal est 100.
- Le jugement d'allure est inférieur à 100 si l'opération est réalisée plus lentement que la normale.
- Le jugement d'allure est supérieur à 100 si l'opération est réalisée plus rapidement que la normale.

Le délai de réalisation d'un travail est déterminé en fonction de la durée de ses opérations et d'un coefficient de repos accordé aux ressources engagées.

Opérations	Fréquences		Temps mesuré	JA	Temps opératoires référents en secondes
Approvisionnement des bagues	1/	100	30	80	0,24
Approvisionnement des cônes	1/	50	30	80	0,48
Assemblage bague sur cône	1/	1	27	100	27,00
Pose étiquette	1/	1	13	100	13,00
Contrôle	1/	1	9	100	9,00
Conditionnement	1/	1	6	100	6,00
Évacuation conditionnement	1/	25	45	70	1,26
Préparation conditionnement	1/	25	36	110	1,31
Total					58,29

Coefficient de repos pour 8 heures de travail : 11,5 % :

- 5 minutes de prise de poste ;
- 40 minutes de pause ;
- 10 minutes de nettoyage pour 8 heures de travail.

La cadence de travail demandée est donc de cinquante-cinq pièces par heure.

Étapes de mise en application

Préparation

Observer le processus à chronométrer :

- caractériser le processus ;
- réaliser son logigramme.

Préparer la prise des temps et préparer la fiche de relevés :

- définir le début et la fin de chaque opération ;
- identifier les opérations fréquentielles (approvisionnements, évacuations, préparations…).

Application

Informer l'acteur du processus étudié :

- présenter l'objectif de l'étude ;
- présenter les enjeux de l'étude ;

- expliquer l'importance de respecter la même gestuelle à chaque cycle ;
- préciser que le but de l'étude n'est pas de mesurer la performance de l'acteur, mais celle du processus ;
- demander de travailler au rythme habituel ;
- etc.

Prendre les temps et affecter les jugements d'allure. Renseigner une fiche de relevés :

- directement pendant l'observation ;
- en filmant le processus dans un premier temps et en le visionnant dans un second temps.

La période d'observation doit porter sur un nombre de cycles statistiquement représentatif.

Analyser les temps relevés :

- dans un premier temps :
    - calculer le temps unitaire instantané de chaque opération de production ;
    - calculer le temps unitaire de chaque opération fréquentielle ;
    - calculer le temps unitaire global du processus (temps des opérations de production + temps des opérations fréquentielles), avec et sans coefficient de repos.
- dans un second temps :
    - supprimer les opérations qui n'apportent pas de valeur ajoutée (VA) et qui sont inutiles ;
    - optimiser les opérations qui n'apportent pas de valeur ajoutée mais qui sont indispensables ;
    - optimiser les opérations qui apportent de la valeur ajoutée.

Mettre en application les actions décidées précédemment.

Prendre les temps du processus modifié et les analyser.

Calculer les nouveaux temps unitaires. Vérifier s'ils correspondent aux attentes.

Officialiser le nouveau processus. Mettre à jour la gamme

Valorisation et suivi

Suivre le TRS ou l'efficience du processus afin de détecter toute dérive.

Principaux acteurs

Production : ×

Maintenance :

Méthodes : ×

Qualité : ×

Logistique : ×

Études :

Gestion : ×

Méthodes et outils associés

– Analyse de processus
– Analyse de la valeur
– Plan d'actions

– Méthode de résolution de
  problème
– Gamme

5 « pourquoi »

Objectif

Rechercher les causes premières d'un problème (celles qui en sont directement à l'origine).

Enjeux

Faciliter la recherche de solutions efficaces de manière à traiter une situation insatisfaisante (qualité, sécurité, délais, coût…).

Principe

Les 5 « pourquoi » se pratiquent dans le cadre d'un groupe de travail.

C'est un outil de questionnement systématique qui permet de remonter aux causes premières d'un dysfonctionnement ou d'une situation observée.

Les 5 « pourquoi » s'utilisent aussi bien dans le domaine du curatif que dans le domaine du préventif.

Le nombre 5 est symbolique, ce peut être plus ou moins. L'important est de mener une investigation le plus en profondeur possible.

Il faut cesser de se poser la question « pourquoi », dès lors que le groupe n'est plus en mesure d'agir sur la cause proposée.

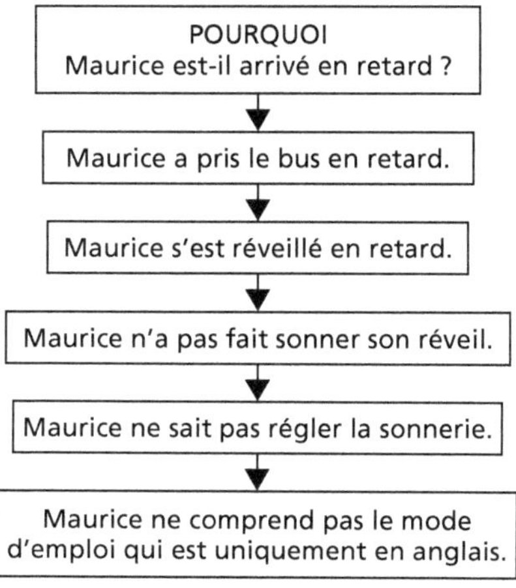

Étapes de mise en application

Préparation

Identifier la situation ou le dysfonctionnement observé.
Constituer le groupe de travail.

Application

Poser la question «pourquoi» :
- le dysfonctionnement;
- le problème;
- la situation.

Rechercher et noter les causes proposées :
- pratiquer un brainstorming pour faciliter la recherche des causes (dans le domaine du préventif);
- prendre en compte les causes réelles (dans le domaine du curatif).

Poser de nouveau la question «pourquoi» pour chaque cause identifiée à l'étape précédente.

Rechercher et noter les sous-causes proposées.

Poser de nouveau la question «pourquoi» pour chaque sous-cause identifiée à l'étape précédente.

Renouveler ce processus tant que le groupe est en mesure d'agir.

Dresser la liste de toutes les causes premières : les causes premières sont les causes qui n'ont pas de sous-causes.

Valorisation et suivi

Veiller au respect des règles.

Utiliser des outils complémentaires pour identifier les causes les plus probables et les valider :
- mesures;
- MSP;
- essais;
- Pareto;
- etc.

Principaux acteurs

Production : ×

Maintenance : ×

Méthodes : ×

Qualité : ×

Logistique : ×

Études : ×

Gestion : ×

Méthodes et outils associés

- Groupe de travail
- Méthodes de résolution de problèmes
- Brainstorming
- QQOQCCP
- Pareto
- MSP

5S

Objectif

Construire un environnement de travail fonctionnel, régi par des règles précises de manière à travailler dans des conditions efficaces.

Enjeux

Améliorer la qualité.

Améliorer la sécurité.

Promouvoir le travail en équipe.

Améliorer le professionnalisme.

Améliorer l'image de l'entreprise.

Principe

Un travail ne peut être efficace (qualité, performance, sécurité) lorsqu'il est effectué dans un environnement désordonné, sale et encombré.

Les 5S représentent une des premières techniques de management à mettre en œuvre pour engager une démarche de qualité totale, de juste-à-temps ou d'amélioration continue.

Seiri : trier, débarrasser

Éliminer tout ce qui est inutile :

- objets ;
- crasse (traiter les causes) ;
- dégradations (remettre en état ou remplacer).

Seiton : ranger

Trouver une place pour chaque chose de manière à garantir :

- l'efficacité (où ranger et comment ranger) ;
- la qualité (comment ranger) ;
- la sécurité (comment ranger).

Seiso : tenir propre

Ne pas salir pour ne pas devoir nettoyer.

Apporter de la valeur ajoutée à l'opération de maintien de la propreté (auto-maintenance).

Seiketsu : maintenir en ordre

Définir des règles précises afin de :

- pérenniser les actions réalisées au cours des trois premiers S;
- repérer, signaler et corriger les anomalies de fonctionnement.

Shitsuke : instaurer la rigueur

Développer une discipline collective afin de respecter les règles :

- promouvoir l'esprit d'équipe;
- acquérir des habitudes;
- mettre en œuvre des dispositifs anti-erreurs.

Étapes de mise en application

Préparation

Vérifier l'intérêt de la mise en œuvre des 5S.

Informer l'ensemble de l'entreprise de la mise en œuvre du projet.

Constituer l'équipe projet.

Former le personnel.

Application

Les 5S ne s'appliquent pas de manière chronologique, les uns après les autres. Leur mise en œuvre se déroule en général en trois grandes étapes :

- grand ménage général, débarras de tout ce qui est inutile;
- identification et élimination des causes de salissure;
- applications aux équipements en mettant l'accent sur les systèmes de contrôle visuel.

Chacune de ces étapes peut être divisée en sous-étapes :

- débuter l'application par un secteur pilote afin :
    - d'acquérir de l'expérience sur cette méthode;
    - de montrer que des résultats sont possibles;
    - de donner envie à tout le personnel de bénéficier des enjeux des 5S;
- se réunir pour décider, rédiger un plan d'actions et suivre son état d'avancement : il est important que ce soient les acteurs d'un secteur donné qui décident des actions à mettre en œuvre dans leur secteur.

- appliquer le plan d'actions en s'efforçant d'impliquer tout le personnel. L'idée est d'instaurer un temps quotidien pour mettre en œuvre les actions 5S (par exemple, 5 minutes de 5S chaque jour) et se donner les moyens de le respecter.

Valorisation et suivi

Auditer tout au long de la démarche l'application des décisions prises lors des différentes étapes.

Renseigner les indicateurs.

Organiser éventuellement des concours internes (chasse au débris, sifflet...).

Principaux acteurs

Production : ×   Logistique : ×

Maintenance : ×   Études : ×

Méthodes : ×   Gestion : ×

Qualité : ×

Méthodes et outils associés

Méthodes de résolution de problèmes

Courbe des fréquences cumulées

Objectif

Vérifier que la distribution des caractéristiques d'un échantillon représentatif d'une population suit la loi normale.

Enjeux

Réaliser des calculs statistiques sur les données.

Vérifier la performance et la capabilité d'un processus.

Construire des cartes de contrôle. Etc.

Principe

La construction de la courbe des fréquences cumulées s'appuie sur les mesures des caractéristiques d'un échantillon. Les valeurs de ces mesures sont organisées de manière à déterminer l'histogramme des fréquences cumulées pourcentage sur un graphique.

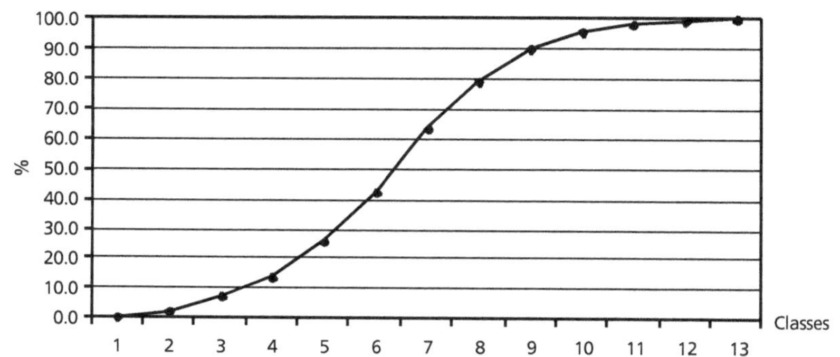

Fréquences cumulées %	1	2	7	14	26	42	63	79	90	96	98	99	100
Fréquences cumulées	1	4	13	24	45	74	111	139	158	168	172	174	175
Fréquences		1	3	9	11	21	29	37	28	19	10	4	2	1

Les valeurs de fréquences cumulées pourcentage forment un S étiré, centré sur la valeur 50 %, la distribution des valeurs est donc normale.

Étapes de mise en application

Préparation

Choisir et régler le processus à étudier.

Décider de la caractéristique à étudier et déterminer la taille de l'échantillon.

Application

Déclencher le processus et prélever l'échantillon décidé.

Mesurer la caractéristique décidée sur tous les individus de l'échantillon.

Déterminer le nombre de classes.

Nombre de données	200	175	150	125	100	80	60	50
Nombre de classes	14	13	12	11	10	9	8	7

Déterminer la largeur des classes :

Largeur = Étendue de la distribution/Nombre de classes

Relever la fréquence par classe.

Calculer la fréquence cumulée :

La fréquence cumulée totale = Nombre de mesures totales

Calculer le pourcentage des fréquences cumulées.

Tracer sur l'axe des abscisses une échelle couvrant l'ensemble des limites supérieures des classes.

Tracer sur l'axe des ordonnées une échelle de 0 % à 100 % pour les fréquences cumulées.

Porter la valeur du pourcentage des fréquences cumulées de chaque classe sur le graphique (en se positionnant sur la limite supérieure de chaque classe).

Vérifier que la distribution des données est normale. Les points, une fois reliés entre eux, doivent former un S étiré, centré sur la valeur 50 %.

Valorisation et suivi

Poursuivre des études de performance ou de capabilité processus.

Principaux acteurs

Production : ×

Maintenance : ×

Méthodes : ×

Qualité : ×

Logistique : ×

Études : ×

Gestion : ×

Méthodes et outils associés

Connaissances statistiques

Diagramme causes/effet
(Diagramme d'Hishikawa)

Objectif

Classer par famille les causes d'un effet observé.

Enjeux

Rechercher les causes d'un effet.
Structurer la vision des causes d'un effet.
Faciliter la recherche de solutions.
Etc.

Principe

Le diagramme causes/effet (appelé aussi diagramme d'Hishikawa ou arête de poisson) se pratique en groupe de travail.

Il consiste à classer par famille les causes susceptibles d'être à l'origine d'un problème afin de rechercher des solutions pertinentes.

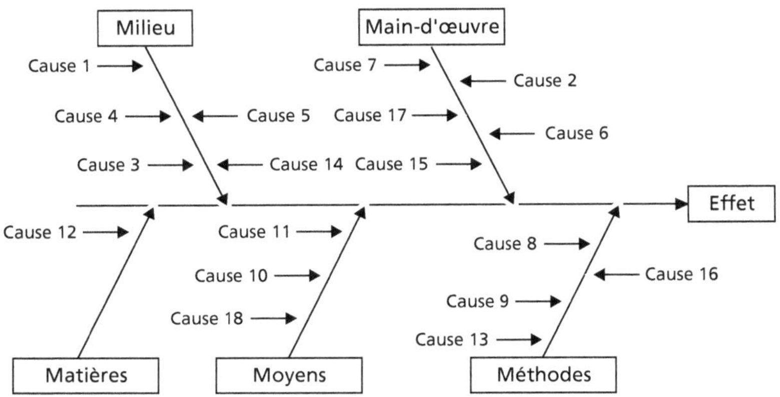

Étapes de mise en application

Préparation

Choisir l'effet sur lequel le groupe souhaite travailler.

Application

Tracer une flèche horizontale.

Noter l'effet au bout de la pointe de la flèche.

Définir les familles des causes. Par exemple, les 5M :

- main-d'œuvre ;
- méthodes ;
- milieu ;
- moyens ;
- matières.

Tracer pour chacune des familles de causes une flèche qui rejoint le corps de la flèche horizontale.

Rechercher les causes qui sont à l'origine de l'effet :

- brainstorming ;
- 5 pourquoi ?

Classer les causes identifiées dans le diagramme.

Valorisation et suivi

Poursuivre le travail de groupe afin d'identifier parmi toutes les causes listées et classées celles qui semblent être les plus importantes.

Principaux acteurs

Production : ×

Logistique : ×

Maintenance : ×

Études : ×

Méthodes : ×

Gestion : ×

Qualité : ×

Méthodes et outils associés

- Méthode de résolution de problèmes
- Brainstorming
- Vote pondéré
- 5 pourquoi
- Feuille de relevés

Diagramme de Gantt

Objectif

Planifier de manière optimale les différents travaux d'un projet.

Enjeux

Satisfaire les exigences clients.

Déterminer le délai de réalisation d'un projet.

Déterminer les jalons de chaque travail d'un projet.

Suivre l'état d'avancement d'un projet.

Principe

Le diagramme de Gantt s'applique pour planifier des projets de réalisation d'articles :

- simples (nomenclature comportant peu de niveaux);
- réalisés en plusieurs exemplaires.

Il consiste à déterminer le temps de réalisation de chaque travail, puis de positionner les différents travaux entre eux de manière à obtenir :

- le délai global le plus performant;
- le délai de début du projet en fonction des exigences client.

Travaux	Temps de réalisation	03/06	04/06	05/06	06/06	07/06	08/06	09/06	10/06	11/06	12/06	13/06	14/06	15/06	16/06	17/06	18/06	19/06	20/06	21/06	22/06
Travail 1	132 heures																				
Travail 2	144 heures																				
Travail 3	336 heures																				
Travail 4	96 h																				

Le délai global de ce projet est de vingt jours.

Étapes de mise en application

Préparation

Recenser tous les travaux nécessaires à la réalisation du projet.

Application

Calculer le temps de réalisation de chaque travail. Le temps de réalisation d'un travail comprend :

- son temps de préparation ;
- son temps d'exécution = nombre de cycles × (temps unitaire/TRS) ;
- son temps de transit pré-opératoire (file d'attente…) ;
- son temps de transit post-opératoire (transfert, attente…).

Positionner les différents travaux les uns par rapport aux autres afin de déterminer le meilleur délai en étudiant le jalonnement de chaque travail entre eux. Le jalonnement peut être de quatre natures différentes :

- successif : un travail ne peut commencer que lorsque le précédent est terminé ;
- avec chevauchement début-début : deux travaux débutent au même moment ;
- avec chevauchement fin-fin : deux travaux finissent au même moment ;
- avec chevauchement en parallèle : deux travaux débutent et finissent en même temps.

Tracer le diagramme de manière à déterminer des délais :

- au plus tôt, en jalonnant de manière progressive (positionner dans le temps les différents travaux, dans l'ordre de leur réalisation) ;
- au plus tard, en jalonnant de manière régressive (positionner dans le temps les différents travaux, dans l'ordre inverse de leur réalisation).

Déterminer les délais pour chaque travail.

Valorisation et suivi

Afficher le diagramme dans le secteur concerné.

Vérifier le respect des jalons de chaque étape.

Principaux acteurs

Production : ×

Logistique : ×

Maintenance : ×

Études : ×

Méthodes : ×

Gestion : ×

Qualité : ×

Méthodes et outils associés

– Méthodes de résolution de
problèmes
– Plan d'actions
– TRS

– SMED
– Nomenclature
– Gamme

Droite d'Henry

Objectif

Vérifier que la distribution des caractéristiques d'un échantillon représentatif d'une population suit la loi normale.

Enjeux

Réaliser des calculs statistiques sur des données.

Vérifier la performance et la capabilité d'un processus.

Construire des cartes de contrôle.

Etc.

Principe

La construction de la droite d'Henry s'appuie sur les mesures des caractéristiques d'un échantillon.

Les valeurs de ces mesures sont organisées de manière à déterminer l'histogramme des fréquences cumulées pourcentage sur un graphique, dont l'échelle des ordonnées est gaussienne et celle des abscisses est arithmétique.

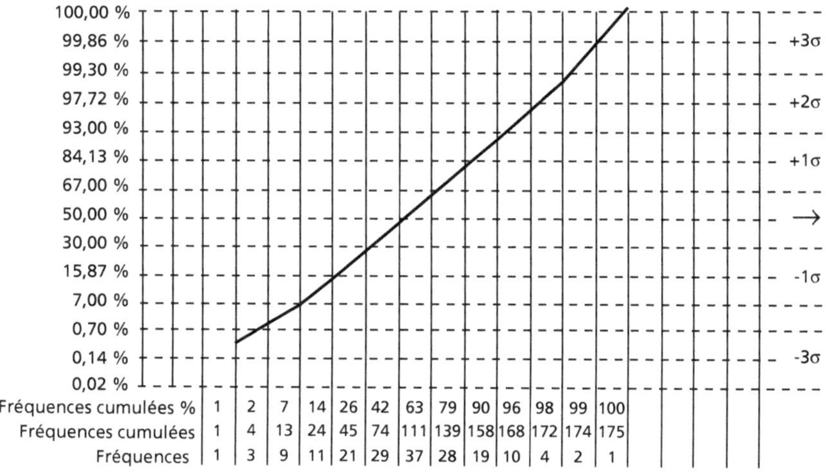

Fréquences cumulées %	1	2	7	14	26	42	63	79	90	96	98	99	100
Fréquences cumulées	1	4	13	24	45	74	111	139	158	168	172	174	175
Fréquences	1	3	9	11	21	29	37	28	19	10	4	2	1

Les valeurs de fréquences cumulées pourcentage forment à peu près une droite, la distribution des valeurs est donc normale.

Étapes de mise en application

Préparations

Choisir et régler le processus à étudier.

Décider de la caractéristique à étudier et déterminer la taille de l'échantillon.

Application

Déclencher le processus et prélever l'échantillon décidé.

Mesurer la caractéristique décidée sur tous les individus de l'échantillon.

Déterminer le nombre de classes.

Nombre de données	200	175	150	125	100	80	60	50
Nombre de classes	14	13	12	11	10	9	8	7

Déterminer la largeur des classes :

Largeur = Étendue de la distribution/Nombre de classes

Relever la fréquence par classe.

Calculer la fréquence cumulée :

Fréquence cumulée totale = Nombre de mesures totales

Calculer le pourcentage des fréquences cumulées.

Tracer sur l'axe des abscisses d'un papier gausso (axe y) arithmétique (axe x) une échelle couvrant l'ensemble des limites supérieures des classes.

Porter la valeur du pourcentage des fréquences cumulées de chaque classe sur le graphique (en se positionnant sur la limite supérieure de chaque classe).

Vérifier, pour que la distribution des données soit normale, que les points, une fois reliés, forment une droite.

Valorisation et suivi

Lire une approche de l'écart type directement sur le graphique. Deux écarts types sont compris entre les valeurs de fréquences cumulées 84,13 % et 15,87 %.

Poursuivre des études de performance ou de capabilité processus.

Principaux acteurs

Production : ×

Maintenance : ×

Méthodes : ×

Qualité : ×

Logistique : ×

Études : ×

Gestion : ×

Méthodes et outils associés

Connaissances statistiques

Écart type

Objectif

Déterminer l'importance de la dispersion des caractéristiques d'un échantillon représentatif d'une population.

Enjeux

Calculer la performance et la capabilité d'un processus.

Calculer la valeur d'un stock sécurité en fonction de la variation des consommations périodiques clients.

Etc.

Principe

L'écart type représente la moyenne des distances entre :

* les différentes valeurs des caractéristiques de l'échantillon;
* et la valeur moyenne des caractéristiques de l'échantillon

L'écart type est nul si la dispersion est nulle.

Plus la dispersion est grande, plus l'écart type est grand.

L'écart type est exprimé dans la même unité que la caractéristique.

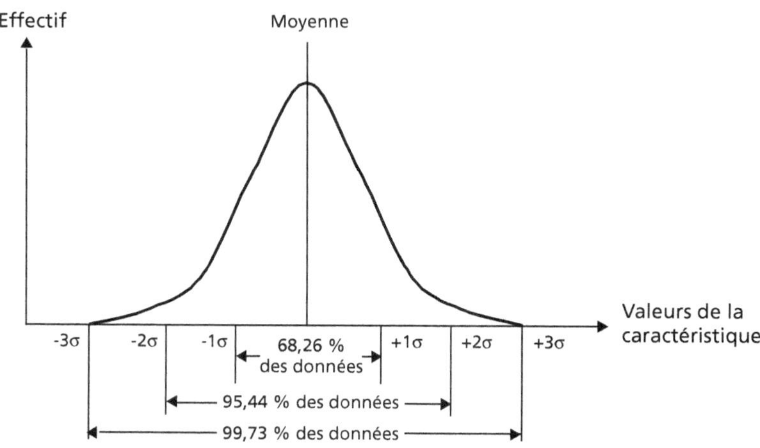

Étapes de mise en application

Préparation

Choisir et régler le processus à étudier.

Décider de la caractéristique à étudier et déterminer la taille de l'échantillon.

Application

Déclencher le processus et prélever l'échantillon décidé.

Mesurer la caractéristique décidée sur tous les individus de l'échantillon.

Déterminer le nombre de classes.

Nombre de données	200	175	150	125	100	80	60	50
Nombre de classes	14	13	12	11	10	9	8	7

Déterminer la largeur des classes :

Largeur = Étendue de la distribution/Nombre de classes

Relever la fréquence par classe (effectif).

Vérifier la normalité de la distribution des données, en traçant la droite d'Henry ou la courbe des fréquences cumulées.

Tracer et remplir un tableau comme suit :

Classes		Effectif (n_i)	$n_i . X_i$	x_i-moyenne	$(x_i - moy)^2$	$(x_i - moy)^2 n_i$
Limites	Centre (x_i)					
49.935 à 49.945	49.94	1	49.94	− 0.05	0.00218089	0.00218089
49.946 à 49.955	49.95	2	99.9	− 0.04	0.00134689	0.00269378
49.956 à 49.965	49.96	5	249.8	− 0.03	0.00071289	0.00356445
49.966 à 49.975	49.97	13	649.61	− 0.02	0.00027889	0.00362557
49.97 à 49.985	49.98	17	849.66	− 0.01	4.489E-05	0.00076313
49.986 à 49.995	49.99	37	1849.63	0.00	1.089E-05	0.00040293
49.996 à 50.005	50	16	800	0.01	0.00017689	0.00283024
50.006 à 50.015	50.01	6	300.06	0.02	0.00054289	0.00325734
50.016 à 50.025	50.02	2	100.04	0.03	0.00110889	0.00221778
50.026 à 50.035	50.03	1	50.03	0.04	0.00187489	0.00187489
		100	4998.67		Variance =	0.023411
	Moyenne =		49.9867		Écart type =	0.153006536

$$\text{Moyenne} = \frac{\Sigma \; nixi}{\Sigma \; ni}$$

$$\text{Variance} = \frac{\Sigma \; (xi - moyenne)^2.ni}{\Sigma \; ni}$$

Écart type = Racine carrée de la variance.

Valorisation et suivi

Utiliser la valeur de l'écart type dans différentes applications statistiques.

Principaux acteurs

Production : ×

Maintenance : ×

Méthodes : ×

Qualité : ×

Logistique : ×

Études : ×

Gestion : ×

Méthodes et outils associés

– Connaissances statistiques
– Droite d'Henry

– Courbes des fréquences cumulées

Efficience – Main-d'œuvre

Objectif

Mesurer l'importance des fluctuations aléatoires (arrêts, non-qualité, ralentissements) sur l'efficience de la main-d'œuvre.

Enjeux

Augmenter la capacité nette de la main-d'œuvre.

Réduire les coûts de revient.

Développer l'activité.

Améliorer la réactivité.

Principe

Quantifier, par des relevés ou des calculs, les différents états périodiques d'un opérateur.

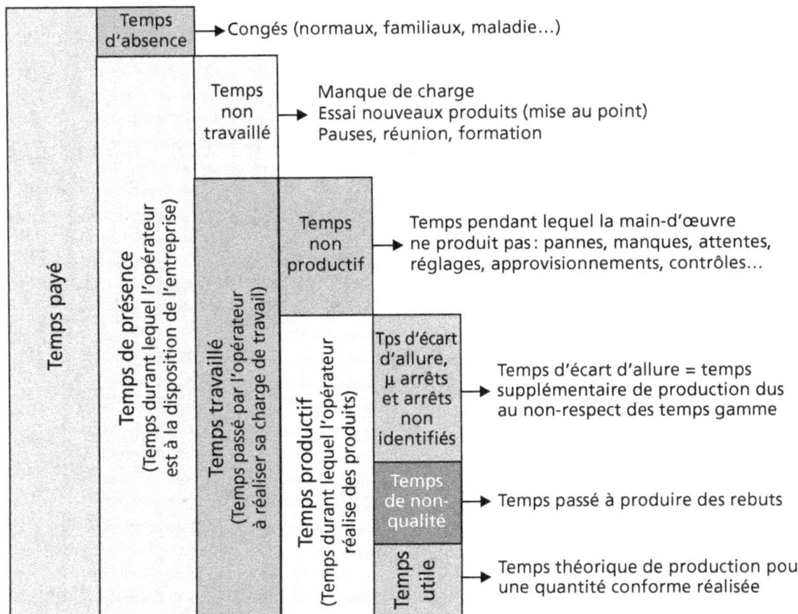

Étapes de mise en application

Préparation

Définir le référentiel temps de cycle instantané gamme optimisée.
C'est le meilleur temps possible qui permet de réaliser des produits conformes dans un contexte de sécurité et de fiabilité.

Créer une feuille de relevés (temps et quantités). Feuille affectée à un opérateur, pour une période donnée, renseignée sur les postes de travail.

Créer un programme d'exploitation, afin de calculer l'efficience à partir des relevés de production.

Application

Former le personnel :
- le principe de l'efficience ;
- le rôle de chacun ;
- le relevé des informations ;
- le calcul de l'efficience ;
- l'exploitation des résultats.

Relever les informations utiles au calcul de l'efficience (sur la feuille de relevés) :
- les quantités produites conformes par référence ;
- les quantités rebutées par référence ;
- les temps d'arrêt par nature et par référence, les temps d'essais et de sous-charge.

Ces informations sont relevées par l'opérateur, au fur et à mesure des événements.

Saisir les relevés de production dans un programme de calcul pour :
- calculer l'efficience :
    - efficience = Temps utile/Temps d'engagement ;
    - temps utile = Quantité conforme produite × Temps unitaire instantané gamme optimisée ;
- valoriser les causes de pertes d'efficience :
    - temps d'arrêt par nature en cumulant leurs durées ;
    - temps de non-qualité = Quantité de rebuts produits × Temps unitaire instantané gamme optimisée ;
    - temps d'écart d'allure = Temps d'engagement – Temps d'arrêt – Temps non-qualité – Temps utile ;

> – temps d'engagement = Temps payé – Temps de sous-charge –
> Temps d'essai.

Exploiter les résultats obtenus :

- journellement pour corriger les dérives (5 à 10 minutes);
- mensuellement pour engager des actions d'amélioration sur les gisements les plus importants (2 heures).

Valorisation et suivi

Mettre à jour de l'indicateur.

Principaux acteurs

Production : ×　　　　　　　Logistique : ×

Maintenance : ×　　　　　　Études : ×

Méthodes : ×　　　　　　　Gestion : ×

Qualité : ×

Méthodes et outils associés

– 5S　　　　　　　　　　　– TPM

– SMED　　　　　　　　　– Méthodes de résolution de problèmes

Feuille de relevés

Objectif

Enregistrer des données relatives à une activité, à un processus, de manière à pouvoir les exploiter facilement et efficacement.

Enjeux

Mesurer une performance.

Décrire une situation, une solution.

Répartir des données de sorties par critères.

Etc.

Principe

Relever en sortie de processus, sur un tableau formaté, des informations précises qui seront exploitées dans le cadre d'un groupe de travail.

Feuille de relevés : Quantités de rebuts produits	
N° de machine :	Date :
Référence pièce :	
Nature de défaut	Quantités
Nature 1 :	
Nature 2 :	
Nature 3 :	
Nature 4 :	
Nature 5 :	
Nature 6 :	
Quantité conforme réalisée :	

Étapes de mise en application

Préparation

Identifier l'information à recenser :

- nombre de pièces produites ;
- nombre de défauts ;
- temps d'arrêt ;
- température ;
- cotes ;
- etc.

Déterminer les critères de classement :

- références;
- types de défauts;
- causes d'arrêts;
- jours de la semaine;
- n° de machine;
- etc.

Tracer le tableau de relevés.

Informer et former le personnel qui va procéder aux relevés :

- qui va effectuer le relever;
- quoi relever;
- où effectuer le relevé;
- quand effectuer le relevé;
- pourquoi effectuer le relevé (objectifs, enjeux);
- fréquence des relevés, durées des relevés;
- comment effectuer les relevé.

Application

Remplir la feuille de relevés :

- à l'endroit où se manifeste l'événement, la donnée de sortie;
- au fur et à mesure de l'apparition des événements, des données de sorties;
- par l'acteur du processus;
- avec rigueur.

Exploiter la feuille de relevés en vérifiant que les informations obtenues soient statistiquement représentatives.

Valorisation et suivi

Utiliser les informations obtenues en fonction du but recherché.

Principaux acteurs

Production : ×

Maintenance : ×

Méthodes : ×

Qualité : ×

Logistique : ×

Études : ×

Gestion : ×

Méthodes et outils associés

– Groupe de travail

– QQOQCCP

– Brainstorming

Gamme

Objectif

Préciser les modalités d'exécution des différentes opérations d'un travail donné.

Enjeux

- Calculer la charge de travail et connaître le taux d'occupation des ressources.
- Déterminer des dates de lancement et de livraison.
- Calculer un coût prévisionnel de production.
- Préciser la manière unique de réaliser un processus.
- Mesurer la performance d'une activité.
- Respecter les délais.
- Garantir la qualité.

Principe

Lister dans l'ordre de leur réalisation, l'ensemble des opérations à mettre en œuvre pour exécuter un travail, déterminer pour chacune d'elle les paramètres associés, puis préciser l'ensemble de ces informations sur un document synthétique, au format standard.

La gamme représente la manière unique qui a été décidée pour procéder à la réalisation d'un travail.

Étapes de mise en application

Préparation

Paramétrer l'en-tête de la gamme :

- activité concernée;
- référence de l'article concerné;
- auteur;
- date de création;
- date de mise à jour éventuelle;
- période de validité éventuelle.

Gamme de fabrication

Date de création : 17/06/2001

Auteur : J. Durant

Mise à jour : 24/11/2002

Article : Renfort de plaque
Référence : 956745/100

N°	Désignation	Ressources		Outil	FIT	Temps				Jalonnement
		MOD	Moyen			Préparation		Unitaires		
						Moyen	MOD	Moyen	MOD	
10	Sciage	H 001	M 003	L 17		0.25 h	0.25 h	36 sec	36 sec	
20	Tournage	H 002	M 005	D 34		0.50 h	0.50 h	105 ses	105 sec	Successif
30	Fraisage	H 002	M 002	F 12		0.50 h	0.50 h	90 sec	90 sec	Successif
40	Perçage	H 003	M 007	Fo 7		0.33 h	0.33 h	45 sec	45 sec	Successif
50	Traitement	H 007	M 001		T 19	3.00 h	0.50 h	40 sec	5 sec	Successif
60	Emballage	H 004			E 02		0.00 h		12 sec	Successif

Application

Lister dans l'ordre de leur réalisation l'ensemble des opérations de l'activité.

Préciser pour chacune des opérations :

- son numéro d'ordre ;
- sa désignation ;
- les ressources nécessaires à sa réalisation :
    - main-d'œuvre ;
    - équipements ;
    - outillages ;
- le numéro des fiches d'instructions techniques (FIT) associée(s) : réglages, conditionnement, contrôle, aménagement poste… ;
- les temps :
    - de préparation équipement ;

>   – de préparation main-d'œuvre ;
>   – unitaire de réalisation équipement ;
>   – unitaire de réalisation main-d'œuvre ;
> - le mode de jalonnement.

Remarques

En fonction des besoins, les temps de réalisation (équipement et main-d'œuvre) représentent soit les temps unitaires instantanés, soit les temps unitaires instantanés + fréquentiels.

Tester la gamme. Vérifier que sa stricte application permet d'obtenir des résultats conformes :
- qualité
- temps
- sécurité
- fiabilité
- etc.

Référencer la gamme dans le système qualité.

Valorisation et suivi

Mesurer la performance de son application :
- TRS ;
- efficience main-d'œuvre.

Principaux acteurs

Production : ×	Logistique :
Maintenance : ×	Études : ×
Méthodes : ×	Gestion : ×
Qualité : ×	

Méthodes et outils associés

– Description de processus	– Efficience main-d'œuvre
– Gantt	– Chronométrage
– TRS	

8D

Objectif

Corriger les effets d'un problème de manière à ne pas pénaliser son client puis traiter ses causes en respectant une méthodologie rigoureuse, afin de garantir qu'il ne réapparaîtra pas.

Enjeux

Sécuriser la satisfaction des clients.

Systématiser la résolution des problèmes.

Travailler en équipes pluridisciplinaires.

Engager une démarche d'amélioration continue.

Etc.

Principe

Cette méthode, qui s'applique dans le cadre d'un groupe de travail, consiste à résoudre un problème en trois temps :

- de manière curative (annuler l'effet) → actions rapides afin de poursuivre le processus et satisfaire les exigences clients ;
- de manière corrective (supprimer les causes) → actions afin de garantir la performance du processus ;
- de manière préventive (éviter les récidives) → actions afin de maîtriser le processus.

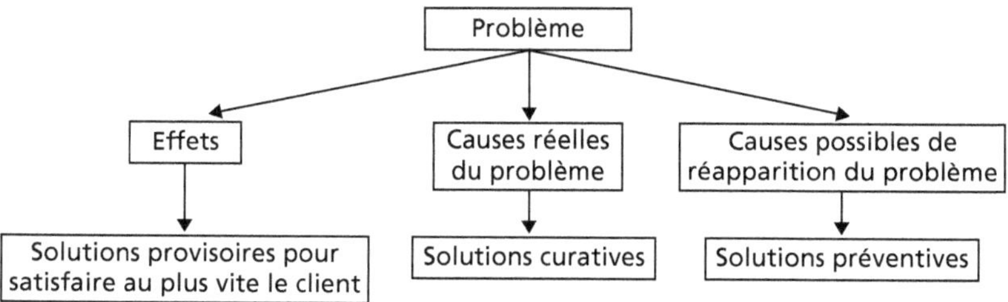

Étapes de mise en application

Préparation

Préparer le chantier 8D :

- constituer le groupe de travail ;
- désigner le pilote ;
- préciser l'objectif.

Application

Décrire le problème :

- décrire la situation jugée insatisfaisante (QQOQCCP) ;
- décrire la situation souhaitée (QQOQCCP) ;
- formuler le problème (écart entre les deux situations décrites) ;
- lister les enjeux ;
- identifier les contraintes.

Identifier et mettre en place des actions immédiates (actions curatives) :

- rechercher des actions immédiates permettant de traiter l'effet du problème (tri, inventaire, isolement, contrôle renforcé…) ;
- mettre en œuvre les actions immédiates au travers un plan ;
- mesurer l'efficacité du plan.

Identifier les causes réelles du problème :

- identifier toutes les causes potentielles ;
- vérifier ces causes ;
- identifier les causes assignables (sur lesquelles il est possible d'agir).

Définir et valider les actions correctives (pour traiter les causes réelles du problème) :

- rechercher les actions correctives ;
- réaliser des essais afin de vérifier que les actions correctives traiteront les causes du problème.

Mettre en œuvre les actions correctives :

- planifier la mise en œuvre des actions ;
- définir les méthodes de validation des actions correctives ;
- étudier la possibilité de supprimer les actions curatives.

Prévenir toute récidive :

- identifier les possibilités de récidive ;
- définir les actions préventives ;
- actualiser la documentation.

Valorisation et suivi

Reconnaître le travail du groupe.
Standardiser les solutions à des situations semblables.
Afficher les résultats obtenus.
Veiller au respect de l'application des solutions.

Principaux acteurs

Méthodes : ×   Logistique : ×
Qualité : ×   Études : ×
Maintenance : ×   Gestion : ×
Production : ×

Méthodes et outils associés

– QQOQCCP   – Gantt
– Pareto   – PERT
– 5 pourquoi   – Plan d'actions
– Diagramme causes/effet   – Feuilles de relevés
– Vote pondéré   – Capabilité
– Matrice de compatibilité   – Indicateurs, graphiques…
– Brainstorming

Indicateur

Objectif

Observer périodiquement l'évolution des performances réelles d'un processus en procédant à des mesures sur ses données de sorties et en les comparant à des objectifs fixés.

Enjeux

Informer les différents acteurs d'un processus sur les performances obtenues.

Révéler des écarts entre les performances réalisées et les objectifs.

Identifier des gisements de progrès.

Principe

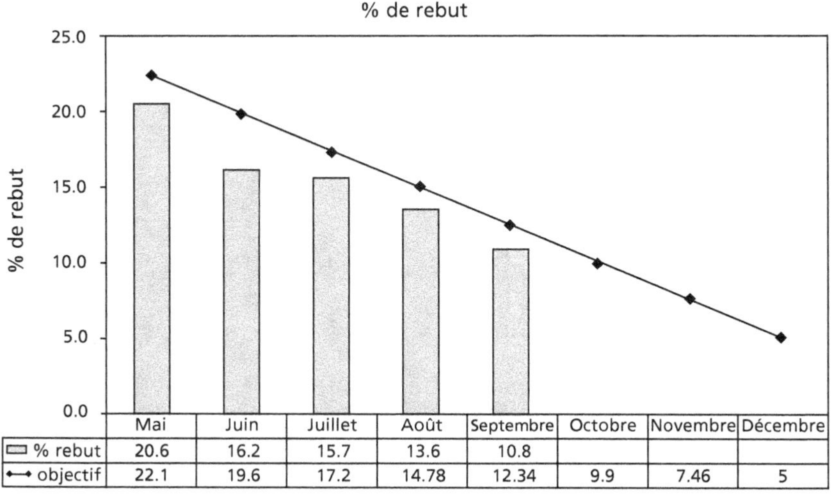

	Mai	Juin	Juillet	Août	Septembre	Octobre	Novembre	Décembre
% rebut	20.6	16.2	15.7	13.6	10.8			
objectif	22.1	19.6	17.2	14.78	12.34	9.9	7.46	5

Étapes de mise en application

Préparation

Caractériser le processus sur lequel on souhaite suivre sa performance.

Identifier les caractéristiques (données de sorties) qui traduisent le mieux le niveau de performance de ce processus.

Ces caractéristiques doivent être cohérentes avec la politique de l'entreprise, facilement exploitables, peu nombreuses mais représentatives.

Créer un document de relevés des informations nécessaires à la mesure de cette performance.

Ces informations devront être facilement mesurables (relevé aisé) et les plus représentatives possibles des données de sorties du processus.

Créer le document de suivi de l'évolution de la performance. Ce document doit être efficace (mise en évidence des écarts), renseigner et se lire facilement. Préférer, pour ce faire, des graphiques simples à des tableaux de chiffres.

Déterminer l'objectif :

- sa valeur de départ correspond aux performances actuelles ;
- sa valeur d'arrivée correspond aux performances attendues à une période donnée.

Définir la périodicité des mesures et de leurs exploitations.

Designer un pilote, de préférence une personne qui maîtrise le processus et qui en assume sa responsabilité.

Application

Former le personnel : pourquoi mesurer (objectifs, enjeux), rôle des différents acteurs, méthode de mesure.

Relever les informations : à la source, par l'acteur de réalisation du processus, en temps réel.

Exploiter les informations relevées.

Renseigner l'indicateur : ne pas oublier de l'afficher sur le poste de travail concerné le plus rapidement possible après le relevé (réactivité accrue face aux dérives) et de le commenter pour s'assurer de sa compréhension.

Identifier les écarts.

Lancer des groupes de travail pour traiter les écarts. Établir un plan d'actions d'amélioration.

Valorisation et suivi

Vérifier l'efficacité des actions d'amélioration.

Déterminer un nouvel objectif lorsque les performances obtenues sont conformes à celles attendues.

Principaux acteurs

Production : ×

Maintenance : ×

Méthodes : ×

Qualité : ×

Logistique : ×

Études : ×

Gestion : ×

Méthodes et outils associés

– Analyse de processus

– Méthodes de résolution de
  problèmes

– PDCA

Kanban

Objectif

Engager une production en fonction de la consommation réelle du client et des stocks.

Enjeux

Satisfaire les exigences (quantités et délais) des clients (éviter les ruptures de livraison et/ou les livraisons incomplètes).

Réduire les temps de défilement, donc :

- réduire les stocks ;
- réduire les surfaces de stockage ;
- augmenter le taux de rotation des stocks.

Décentraliser la fonction planification des productions.

Révéler les dysfonctionnements des flux.

Principe

Dans le cadre de productions par lots ou en séries, répondant à des commandes régulières, le *kanban* (qui signifie « étiquette ») pilote la fabrication en fonction des consommations réelles clients (flux tirés).

Chaque unité de conditionnement (UC) constituée est accompagnée d'un kanban. Lorsqu'un client consomme le contenu d'une unité de conditionnement, il retourne le kanban à son fournisseur, ce qui permet :

- au client d'informer son fournisseur qu'il a consommé des produits d'une référence donnée ;
- d'indiquer au fournisseur, d'une manière visuelle, simple et instantanée le niveau des stocks (en rangeant les kanban sur un planning précisant différents niveaux) ;
- au fournisseur de connaître à quel niveau de stock minimum il doit engager une production pour ne pas mettre en rupture son client.

Une boucle de kanban est donc constituée entre un client et son fournisseur.

Lorsqu'il n'y a plus de kanban sur le planning, la production est interdite (le stock maximum est atteint).

Conditions d'application : productions répétitives, bonne réactivité de l'outil de travail, excellente fiabilité du processus.

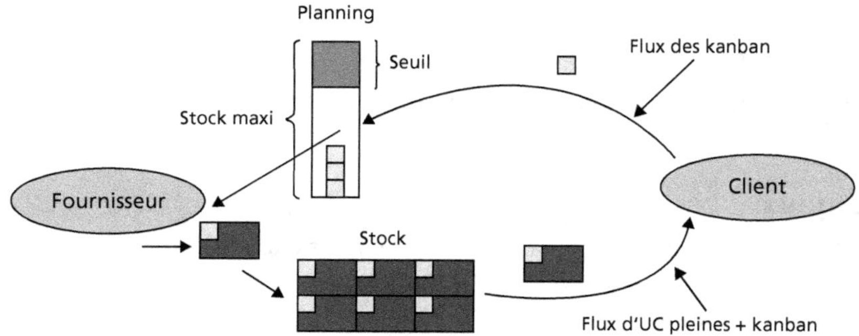

Étapes de mise en application

Préparation

Choisir la référence de produit à gérer par la méthode kanban.

Recenser toutes les informations nécessaires au paramétrage de la boucle :

- consommations client ;
- quantité de pièces par unité de conditionnement ;
- temps unitaire de production (temps gamme et TRS) ;
- taux de rebut ;
- temps de changement de production ;
- temps de livraison ;
- temps de retour kanban ;
- temps d'ouverture client et fournisseur.

Application

Paramétrer la boucle kanban en calculant :

- le seuil (niveau minimum de stock, qui lorsqu'il est atteint nécessite d'engager une production sans délai) ;
- le nombre maximum de kanban (stock maximum de la boucle) :

  Stock minimum = [(Temps de réactivité pour mettre en production, produire et livrer une UC) + (Temps de retour étiquette) + (Temps d'ouverture client − Temps d'ouverture fournisseur)] × [Consommation moyenne]

Si [Temps d'ouverture client − Temps d'ouverture fournisseur] est négatif, alors ne pas le prendre en compte dans la formule de calcul du stock minimum :

Seuil = (Stock mini/Quantité de pièces par UC) + 1

Nombre maximum de kanban = Seuil + Taille du lot

Créer les étiquettes kanban.

Créer le planning kanban en précisant le seuil et le stock maximum.

Accrocher un kanban à chaque unité de conditionnement en stock et positionner les kanban restant sur le planning.

Valorisation et suivi

Lancer les productions en fonction des kanban disponibles sur le planning.

Recalculer la boucle à chaque changement de paramètre.

Principaux acteurs

Production : ×

Maintenance :

Méthodes : ×

Qualité :

Logistique : ×

Études :

Gestion : ×

Méthodes et outils associés

– Méthodes de résolution de problèmes

– TRS

– TPM

– Auto-maintenance

– SMED

Matrice de compatibilité

Objectif

Préparer la décision à l'occasion du choix d'une solution ou d'une action à entreprendre.

Enjeux

Mettre en œuvre du premier coup, la (les) meilleures(s) action(s) ou solution(s), face à une situation donnée.

Principe

Évaluer les actions ou les solutions d'une liste en fonction de différents critères.

Solutions	Critère A	Critère B	Critère C	Critère D	Critère E	Poids total
Solution n° 1	+5	0	− 1	0	+ 3	+ 7
Solution n° 2	− 3	− 5	0	+ 5	+ 1	− 2
Solution n° 3	0	+ 3	0	+ 3	0	+ 6
Solution n° 4	+ 3	+ 1	− 1	+ 5	+ 1	+ 9
Solution n° 5	− 5	− 3	0	+ 1	0	− 7
Solution n° 6	+ 5	0	0	− 1	− 1	+ 3
Solution n° 7	+ 1	+ 3	0	+ 1	− 5	0
Solution n° 8	0	+ 1	+ 3	− 3	− 3	− 2
Solution n° 9	− 1	− 3	0	− 1	+ 1	− 4
Solution n° 10	− 3	+ 1	+ 1	+ 1	− 1	− 1
Solution n° 11	+ 5	− 3	− 3	+ 1	+ 1	+ 1

Les solutions n° 4, n° 1 et n° 3 sont évaluées comme étant les plus performantes.

Elles seront appliquées après avoir vérifié qu'elles ne sont pas contradictoires entre elles.

Étapes de mise en application

Préparation

Établir la liste des actions ou solutions parmi lesquelles il faut faire un choix en réalisant un brainstorming par exemple.

Établir la liste des critères de choix :

- coûts ;
- sécurité ;
- délai ;
- qualité ;
- fiabilité ;
- etc.

Tracer un tableau à deux entrées :

- les critères en colonne ;
- les actions ou solutions en ligne.

Application

Évaluer chaque action ou solution avec chaque critère :

- + 5 lorsque l'action ou solution est très favorable par rapport au critère ;
- + 3 lorsque l'action ou solution est favorable par rapport au critère ;
- + 1 lorsque l'action ou solution est légèrement favorable par rapport au critère ;
- – 5 lorsque l'action ou solution est très défavorable par rapport au critère ;
- – 3 lorsque l'action ou solution est défavorable par rapport au critère ;
- – 1 lorsque l'action ou solution est légèrement défavorable par rapport au critère ;
- 0 lorsque l'action ou la solution n'a pas d'incidence sur le critère.

Faire la somme des évaluations obtenues par action ou par solution.

Retenir l'(les) action(s) ou la (les) solution(s) qui a (ont) le(s) poids le(s) plus important(s).

Vérifier, lorsque plusieurs actions ou solutions sont retenues, qu'elles ne sont pas contradictoires les unes par rapport aux autres.

Valorisation et suivi

Appliquer l'(les) action(s) ou la (les) solution(s) retenue(s).

Vérifier l'efficacité de l'(des) action(s) ou de la (des) solution(s) mise(s) en œuvre.

Si les différents critères sélectionnés ne sont pas d'importance égale, il est possible de leur affecter un coefficient pondérateur.

Principaux acteurs

Production : ×

Maintenance : ×

Méthodes : ×

Qualité : ×

Logistique : ×

Études : ×

Gestion : ×

Méthodes et outils associés

- Méthode de résolution de problèmes
- Brainstorming

- Pareto
- Feuille de relevés
- Vote pondéré

Méthode P

Objectif

Gérer les stocks en fonction des consommations clients :

- quand commander ?
- combien commander ?

Enjeux

Maîtriser le coût des stocks.

Éviter les ruptures.

Principe

Examiner la situation du stock de chaque article selon une périodicité fixe, afin de reconstituer le stock à un niveau suffisant pour la période à venir.

Période entre deux approvisionnements (P) = Période entre deux commandes ou examens (T)

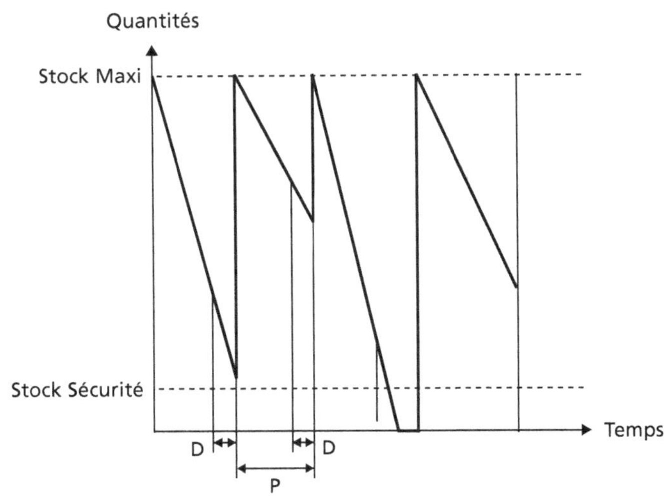

Étapes de mise en application

Préparation

Choisir l'article à gérer : en règle générale, cette méthode concerne 20 % des articles du fichier, qui représentent 80 % de la valeur des achats annuels.

Application

Collecter les informations nécessaires aux calculs des différents paramètres :

- quantité annuelle consommée (Ca);
- répartition périodique des consommations (mensuelle ou hebdomadaire);
- délai normal d'approvisionnement (D);
- prix unitaire d'achat (ou coût de réalisation) (U);
- coût d'un lancement (passation de commande ou mise en production) (Cl) : en général, de 1 % à 2 % du montant de la commande passée.
- taux de possession (i) : en général, de 10 % à 30 % de la valeur annuelle du stock :
    - coûts de magasinage (salaires, loyer, chauffage, moyens de manutention, entretien, informatique, assurance…) 5 % à 15 % de la valeur du stock;
    - obsolescence liée au vieillissement des articles;
    - intérêts qui seraient produits si les capitaux investis dans le stock étaient placés.

Calculer le nombre économique d'approvisionnements annuels (n) :

$$\sqrt{\frac{Ca \times U \times i}{2 \times Cl}}$$

Calculer la période de réapprovisionnement (P) :

$$P = (\text{Nombre de jours annuels})/ N$$

Calculer la demande prévisionnelle pendant P :

$$\text{Demande prévisionnelle} = P \text{ (en Nb de jours)} \times \text{Consommation journalière prévue}$$

Calculer le stock de sécurité :

$$\text{Stock de sécurité} = K\sigma\sqrt{P}$$

Avec :

- K = coefficient de couverture (2 pour un taux de 97,5 %, 3 pour un taux de 99 %, pour un taux de 100 %);
- σ = écart type des consommations périodiques (mensuelles ou hebdomadaires);
- P = période de réapprovisionnement (son unité doit être identique à la valeur de la période utilisée pour calculer σ).

Calculer le stock maxi :

Stock maxi = Stock sécurité + Demande prévisionnelle pendant P

Calculer la quantité à approvisionner :

Q = Stock maxi − Stock réel (au moment de la commande) + Consommation pendant D

Valorisation et suivi

Recalculer les paramètres de gestion du stock à chaque évolution de :

- la consommation (Ca et σ);
- Cl, i, U, D et K.

Principaux acteurs

Production : ×   Logistique :

Maintenance : ×   Études :

Méthodes :   Gestion : ×

Qualité :

Méthodes et outils associés

Pareto

Méthode Q

Objectif

Gérer les stocks en fonction des consommations clients :
- quand commander ?
- combien commander ?

Enjeux

Maîtriser le coût des stocks.
Éviter les ruptures.

Principe

Dans le cadre d'une consommation régulière, dont le coût de lancement est fixe et le prix unitaire d'acquisition de l'article est indépendant de la quantité, cette méthode consiste à commander à intervalles variables, une quantité prédéterminée (Q), qui sera livrée au moment où le stock sera théoriquement égal au stock sécurité.

Q = quantité économique.

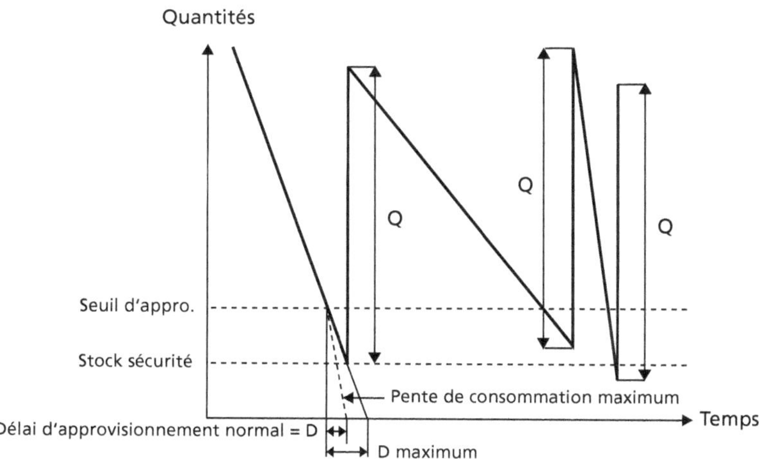

Étapes de mise en application

Préparation

Choisir l'article à gérer. En règle générale, cette méthode concerne 20 % des articles du fichier, qui représentent 80 % de la valeur des achats annuels.

Application

Collecter les informations nécessaires aux calculs des différents paramètres :

- quantité annuelle consommée (Ca);
- répartition périodique des consommations (mensuelle ou hebdomadaire);
- délai normal d'approvisionnement (D);
- prix unitaire d'achat (ou coût de réalisation) (U);
- coût d'un lancement (passation de commande ou mise en production) (Cl) : en général, de 1 % à 2 % du montant de la commande passée;
- taux de possession (i) : en général, de 10 % à 30 % de la valeur annuelle du stock;
    - coûts de magasinage (salaires, loyer, chauffage, moyens de manutention, entretien, informatique, assurance...) 5 % à 15 % de la valeur du stock;
    - obsolescence liée au vieillissement des articles;
    - intérêts qui seraient produits si les capitaux investis dans le stock étaient placés.

Calculer le stock de sécurité :

$$\text{Stock de sécurité} = K\sigma\sqrt{D}$$

Avec :

- K : coefficient de couverture (2 pour un taux de 97,5 %, 3 pour un taux de 99 %, pour un taux de 100 %);
- σ : écart type des consommations périodiques (mensuelles ou hebdomadaires);
- D : délai normal d'approvisionnement (son unité doit être identique à la valeur de la période utilisée pour calculer σ).

Calculer le seuil de réapprovisionnement :

Seuil de réapprovisionnement = Stock de sécurité + Qc (quantité consommée pendant D)

$$\text{Qc} = \text{Cj (Consommation journalière prévue)} \times \text{D (en Nb jours)}$$

Calculer la quantité économique (Q) à approvisionner :

$$Q = \sqrt{\frac{2 \times Cl \times Ca}{U \times i}}$$

Valorisation et suivi

Recalculer les paramètres de gestion du stock à chaque évolution de :

- la consommation (Ca et σ);
- Cl, i, U;
- D;
- K.

Principaux acteurs

Production : ×	Logistique :
Maintenance : ×	Études :
Méthodes :	Gestion : ×
Qualité :	

Méthodes et outils associés

Pareto

Méthode de résolution de problèmes

Objectif

Appliquer avec méthodologie les différentes étapes nécessaires à la résolution d'un problème en choisissant les outils les mieux adaptés.

Enjeux

Résoudre un problème définitivement de manière à ce qu'il ne réapparaisse pas.

Améliorer les résultats de :

- la qualité ;
- la productivité ;
- l'organisation ;
- la sécurité ;
- la communication ;
- etc.

Principe

Cette méthode s'applique dans le cadre d'un groupe de travail, spécialement constitué pour résoudre un problème choisi.

La réussite d'une action de résolution de problème est conditionnée par la rigueur avec laquelle elle est menée.

La méthode précise les différentes étapes à réaliser pour mettre en application des solutions efficaces qui permettront d'améliorer une situation initiale jugée insatisfaisante.

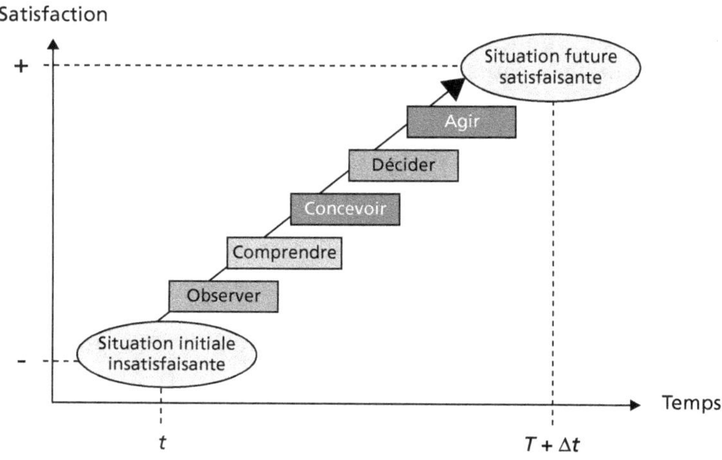

Étapes de mise en application

Préparation

Choisir le sujet :

- écart entre résultats obtenus et objectif (suivi d'indicateur) ;
- Pareto ;
- brainstorming ;
- vote pondéré ;

Constituer le groupe de travail :

- un animateur (respect de la méthode) ;
- des participants (produire des idées) ;
- éventuellement un secrétaire et un ou des experts.

Application

Observer :

- décrire la situation jugée insatisfaisante (QQOQCCP) ;
- décrire la situation souhaitée (QQOQCCP) ;
- formuler le problème (écart entre les deux situations décrites).

Comprendre :

- rechercher les causes possibles (brainstorming, 5 pourquoi…) ;
- classer les causes possibles (diagramme causes/effet, Pareto…) ;
- sélectionner les causes les plus probables (feuilles de relevés, vote pondéré, essais…) ;

Concevoir :

- rechercher des solutions possibles pour traiter les causes retenues (brain-storming, créativité…)

Décider :

- retenir les solutions les plus efficaces (matrice de compatibilité, vote pondéré, essais…).

Agir :

- planifier les solutions retenues (Gantt, PERT) ;
- mettre en œuvre la ou les solutions retenue(s) (plan d'actions avec pilotes et délais) ;
- vérifier l'efficacité des solutions (feuille de relevés, indicateurs, graphiques, capabilité…).

Valorisation et suivi

Standardiser les solutions à des situations semblables.

Afficher les résultats obtenus.

Veiller au respect de l'application des solutions.

Principaux acteurs

Production : ×

Maintenance : ×

Méthodes : ×

Qualité : ×

Logistique : ×

Études : ×

Gestion : ×

Méthodes et outils associés

- QQOQCCP
- Pareto
- 5 Pourquoi
- Diagramme causes/effet
- Vote pondéré
- Matrice de compatibilité
- Brainstorming

- GANTT
- PERT
- Plan d'actions
- Feuilles de relevés
- Capabilité
- Indicateurs
- Graphiques…

MRP
(Manufacturing Ressources Planning)

Objectifs

Calculer les quantités de composants nécessitées par le carnet de commande.

Suggérer les quantités à approvisionner et à fabriquer.

Planifier la charge de travail.

Enjeux

Satisfaire les exigences clients (respect des délais).

Gérer les stocks

Principe

Le MRP pilote la fabrication en fonction du programme de production qui est élaboré à partir de commandes fermes ainsi que d'estimations de commandes (flux poussés).

Les besoins en composants sont déterminés par éclatement de la nomenclature.

| Article de niveau 0 (délai de production = 1 semaine pour une quantité de 900 à 1 300). Commandes client de 900 pour S12 et de 1 200 pour S15. | | | | | | | |
Périodes	Stocks début	Besoins fermes	Besoins générés	Ressources	Dispo. Avant projets	Projets	Stocks fin
S12	100	900	0	1 000	200	0	200
S15	200	1 200	0	0	− 1 000	1 100	100

| Article de niveau 1 (délai de production = 2 semaines pour une quantité de 900 à 1 300). 4 B sont nécessaires pour réaliser 1 A. | | | | | | | |
Périodes	Stocks début	Besoins fermes	Besoins générés	Ressources	Dispo. Avant projets	Projets	Stocks fin
S11	250	4 000	0	0	− 3 750	5 000	1 250
S14	1 250	0	4 400	0	− 3 150	5 000	1 850

| Article de niveau 2 (délai d'approvisionnement = 3 semaines). 0,1 C est nécessaire pour réaliser 1 B. | | | | | | | |
Périodes	Stocks début	Besoins fermes	Besoins générés	Ressources	Dispo. Avant projets	Projets	Stocks fin
S09	20	0	500	0	− 30	40	10
S12	10	0	500	0	− 40	80	40

Étapes de mise en application

Préparation

Préparer le programme de production. Ce programme est issu du plan directeur de production (PDP).

Application

Exprimer pour chaque produit fini un échéancier des quantités à réaliser par période. La valeur de la période ne doit pas excéder la semaine.

Calculer les besoins de composants nécessaires pour réaliser les composés. Ce calcul de besoin s'effectue par éclatement de la nomenclature :

- besoins fermes : Besoins externes + Besoins de composants induits par des ordres de fabrication (OF) planifiés de composés (ressources) ;
- besoins générés : besoins de composants induits par des projets d'OF qui correspondent à des ressources visant à couvrir les besoins en composés pour une période donnée.

Les coefficients des nomenclatures doivent intégrer les pertes (non-qualité, gaspillages, surconsommation…).

Déterminer (en quantité) les projets d'OF et/ou d'OA (ordre d'approvisionnement) en fonction :

- des besoins (fermes et générés);
- des stocks (disponibles en début de période);
- des quantités économiques de lancement ou d'approvisionnement;
- des stocks minimums souhaités;
- de regroupements de commandes;
- etc.

Jalonner (les projets d'OF et d'OA de composants) à partir des temps gamme et des performances de production (des composés). Les performances de production sont mesurées avec le TRS ou l'efficience main-d'œuvre. Le délai de réalisation d'un projet d'OF ou d'OA d'un composant est égal :

[au délai de réalisation de l'OF (ou du projet d'OF) ou de l'OA (ou du projet d'OA) du composé] – [le temps de réalisation de l'OF (ou du projet d'OF) ou de l'OA (ou du projet d'OA) du composé]

Valider ou modifier les projets d'OF et d'OA. Les projets sont alors transformés en ressources (OF fermes et/ou OA fermes).

Éditer les OF.

Émettre les commandes en fonction des OA et des délais fournisseurs.

Valorisation et suivi

Charger les sections et lisser les charges.

Contrôler l'exécution des lancements.

Principaux acteurs

Production : ×   Logistique : ×

Maintenance : ×   Études : ×

Méthodes : ×   Gestion :

Qualité : ×

Méthodes et outils associés

- PIC   - Gamme
- PDP   - TRS
- Programme de production   - Efficience
- Nomenclature   - Main-d'œuvre

MSP
(Maîtrise statistique des procédés)

Objectif

Connaître les caractéristiques de la production d'un processus.
Connaître les paramètres qui agissent sur un processus.
Connaître les causes de variation d'un processus.

Enjeux

Réduire les coûts de production.
Améliorer l'efficience.
Réduire la non-qualité.
Donner confiance au client.
Réduire les réglages machine.

Principe

Après avoir validé la performance d'un processus sur une période long terme, puis, après avoir vérifié sa capabilité sur une période court terme, suivre sa conformité en observant l'évolution de cartes de contrôle.

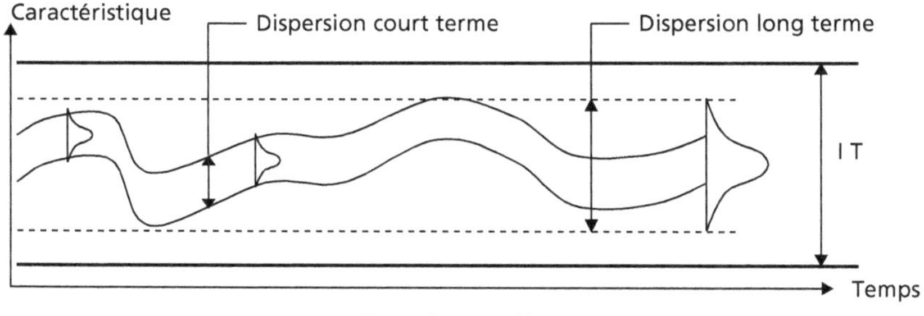

Carte de contrôle

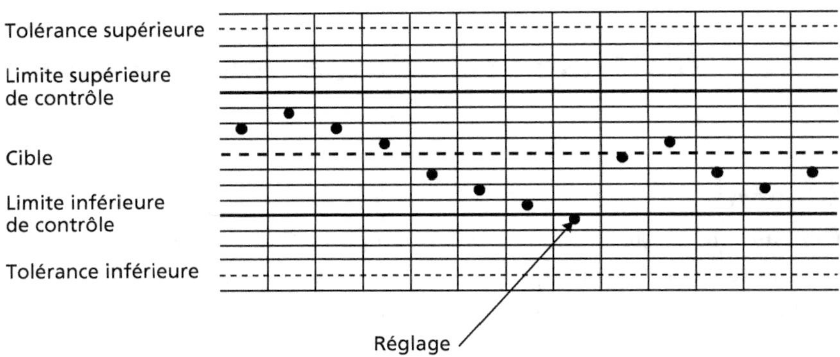

Étapes de mise en application

Préparation

Choisir les caractéristiques du produit et/ou les paramètres du processus sur lesquels des prélèvements et des mesures seront réalisés de manière à vérifier la maîtrise du processus.

S'assurer que Pp, Ppk et éventuellement Ppm sont supérieurs au minimum requis.

Choisir le modèle de la carte de contrôle à paramétrer. Pour des caractéristiques mesurables, la carte aux moyennes et étendues tend à être la plus utilisée. Par conséquent, l'application qui suit concernera ce type de carte.

Application

Réaliser à intervalles réguliers, et sans changements de réglage sur le processus :

- vingt prélèvements d'échantillons de pièces (en général cinq) et mesurer les caractéristiques choisies;
- et/ou vingt séries de mesures de paramètres (en général cinq).

Vérifier sur cette période court terme que la distribution des valeurs suit la loi normale et que Cp, Cpk et Cpm sont supérieurs au minimum requis.

Calculer (si les conditions ci-dessus sont vérifiées) :

- la moyenne de chaque prélèvement;
- l'étendue de chaque prélèvement;
- la moyenne des moyennes;
- la moyenne des étendues.

Calculer pour la carte aux moyennes :
- la limite supérieure de contrôle (LSC) = Cible + (Moyenne des étendues × A2);
- la limite inférieure de contrôle (LIC) = Cible – (Moyenne des étendues × A2).

Si la cible n'est pas adaptée, la remplacer par la moyenne des moyennes.

Calculer pour la carte aux étendues :
- limite supérieure de contrôle (LSC) = moyenne des étendues × D4;
- limite inférieure de contrôle (LIC) = moyenne des étendues × D3.

	n = 2	n = 3	n = 4	n = 5	n = 6	n = 7	n = 8	n = 9	n = 10
A2	1.88	1.02	0.73	0.58	0.48	0.42	0.37	0.34	0.31
D3						0.07	0.14	0.18	0.22
D4	3.27	2.57	2.28	2.11	2.00	1.92	1.86	1.82	1.78

n = taille de l'échantillon

Tracer la carte.

Mettre en œuvre la carte. Effectuer à intervalle régulier des prélèvements d'échantillons ou des mesures de paramètres et porter sur la carte les moyennes et les étendues.

Valorisation et suivi

Suivre l'évolution de la carte et corriger éventuellement le processus.

Principaux acteurs

Production : ×   Logistique : ×

Maintenance : ×   Études : ×

Méthodes : ×   Gestion : ×

Qualité : ×

Méthodes et outils associés

– Capabilité machine

– Méthodes de résolution de problème

Nomenclature

Objectifs

Préciser les relations entre les différents articles qui constituent un produit.

Préciser la quantité de composants nécessaires pour réaliser un composé.

Enjeux

Calculer les besoins nécessaires à la réalisation des commandes.

Calculer le coût de revient matière d'un produit.

Principe

Décomposer le produit fini (composé) en sous-ensembles (composants).

Considérer ensuite les sous-ensembles comme des composés, puis les décomposer en composants.

... Poursuivre cette décomposition, jusqu'aux articles approvisionnés.

Déterminer les coefficients (quantité de composants nécessaires pour réaliser un composé).

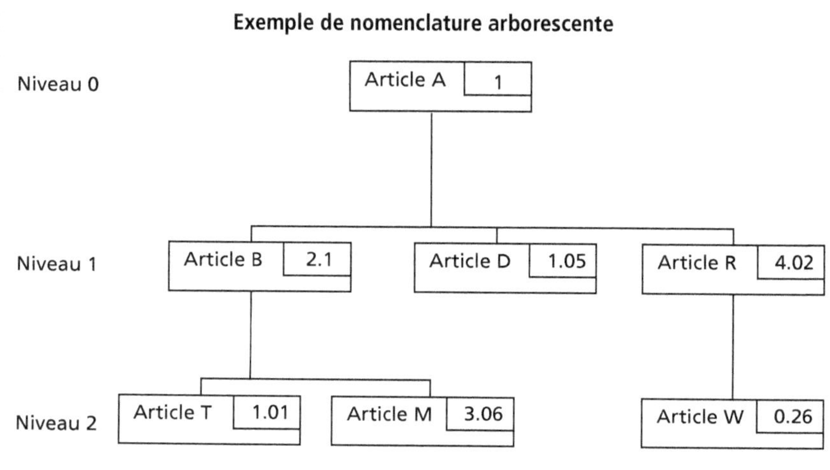

Exemple de nomenclature arborescente

Exemple de nomenclature tableau multi-niveaux

Niveaux	Articles	Coefficients	Commentaires
0	Article A	1	Produit fini
.1	Article B	2.1	Article semi-fini
..2	Article T	1.01	Article acheté
..2	Article M	3.06	Article acheté
.1	Article D	1.05	Article acheté
.1	Article R	4.02	Article semi-fini
..2	Article W	0.26	Article acheté

2,1 articles B sont nécessaires pour réaliser 1 article A.

3,06 articles M sont nécessaires pour réaliser 1 article B.

Étapes de mise en application

Préparation

Choisir le produit.

Application

Déterminer le processus de réalisation du produit.

Identifier toutes les étapes de production. La fin d'une étape de production correspond :

- à la mise en stock de l'article en cours de réalisation;
- au transfert de poste de travail pour poursuivre la réalisation d'un produit.

Identifier les liens entre les composants et les composés :

- les composants sont des articles semi-finis ou des articles approvisionnés;
- les composés sont des articles élaborés au cours d'une étape de réalisation, à partir de la transformation ou de l'assemblage d'un ou plusieurs composants.

Déterminer la quantité de composants nécessaires pour réaliser chaque composé. Cette quantité est appelée coefficient. Ce coefficient tient compte de la quantité nette nécessaire (quantité de matière contenue dans le composé), plus les pertes (surconsommation, chutes, pertes, non-qualité…).

Rédiger la nomenclature. La nomenclature peut être représentée sous deux formes différentes :

- arborescente ;
- tableau multi-niveaux.

En règle générale, les produits finis sont positionnés au niveau 0 de leur nomenclature.

Valorisation et suivi

Utiliser les nomenclatures pour effectuer le calcul des besoins.

Calculer la performance de son application. Mesurer et exploiter le rendement matière.

Principaux acteurs

Production : ×

Maintenance : ×

Méthodes : ×

Qualité : ×

Logistique :

Études : ×

Gestion : ×

Méthodes et outils associés

– Description de processus

– MRP

– Rendement matière

Pareto

Objectif

Déterminer l'importance relative de critères par ordre décroissant d'importance.

Critères :

- idées;
- causes;
- solutions;
- etc.

Enjeux

Faire ressortir ce qui paraît important et ce qui l'est moins. Engager une réflexion efficace et performante en fonction de priorités. Etc.

Principe

Classer dans un ordre décroissant d'importance les critères d'une liste à l'origine d'un effet (lorsqu'il est possible de mesurer leur valeur).

Vérifier ensuite que 20 % des critères sont à l'origine de 80 % de l'effet.

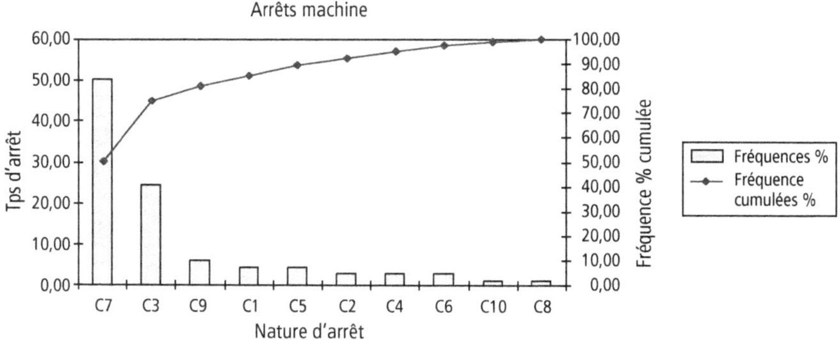

Le diagramme de Pareto est aussi appelé règle des 20/80 et courbe ABC. Environ 20 % des critères représentent environ 80 % de l'effet.

Étapes de mise en application

Préparation

Établir la liste des critères à hiérarchiser en mettant en œuvre des outils adaptés.

Application

Noter la fréquence de chaque critère.

Classer les critères dans le sens décroissant en fonction de leur fréquence.

Calculer la fréquence en pourcentage de chaque critère.

Calculer la somme des fréquences de l'ensemble des critères.

Calculer la fréquence cumulée des critères.

Calculer la fréquence en pourcentage cumulée.

Tracer le graphique.

Critères	Fréquence	Fréquence %	Fréquence cumulée	Fréquence % cumulée
C7	92	50.27 %	92	50.27 %
C3	45	24.59 %	137	74.86 %
C9	11	6.01 %	148	80.87 %
C1	8	4.37 %	156	85.25 %
C5	8	4.37 %	164	89.62 %
C2	5	2.73 %	169	92.35 %
C4	5	2.73 %	174	95.08 %
C6	5	2.73 %	179	97.81 %
C10	2	1.09 %	181	98.91 %
C8	2	1.09 %	183	100.00 %
SOMME	183			

Valorisation et suivi

Retenir les critères les plus importants. En règle générale, 20 % des critères représentent 80 % de l'effet global.

Principaux acteurs

Production : ×

Maintenance : ×

Méthodes : ×

Qualité : ×

Logistique : ×

Études : ×

Gestion : ×

Méthodes et outils associés

– Groupe de travail

– Feuille de relevés

PDCA
Roue de Deming

Objectif

Générer un état d'esprit d'amélioration continue.

Enjeux

Améliorer une situation existante.
Visualiser l'état d'avancement des actions d'un plan de progrès.
Atteindre les objectifs fixés.

Principe

La roue de Deming, ou PDCA, est une démarche d'amélioration continue
en quatre étapes :

- P = *Plan* (planifier) ;
- D = *Do* (faire) ;
- C = *Check* (vérifier) ;
- A = *Act* (consolider).

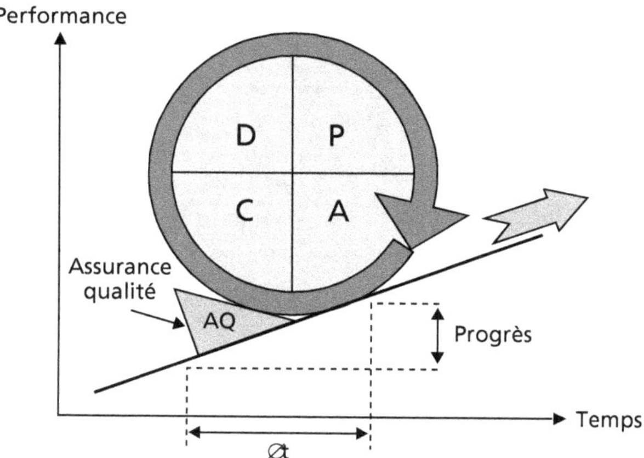

Étapes de mise en application

Préparation

Planifier :

- poser le problème ;
- mesurer l'écart entre la situation initiale et l'objectif ;
- rechercher les causes de l'écart (problème) ;
- rechercher des solutions pour atteindre l'objectif ;
- planifier la mise en œuvre des solutions.

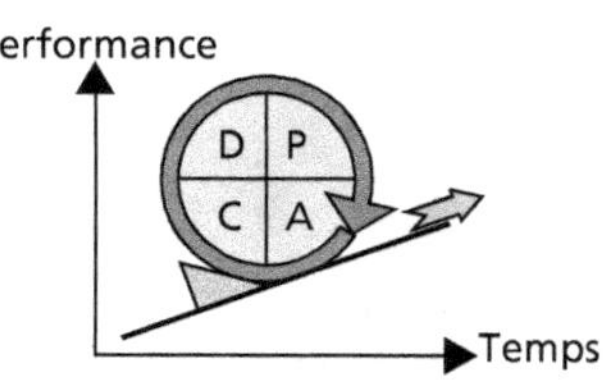

Application

Faire :

- mettre en œuvre les solutions.

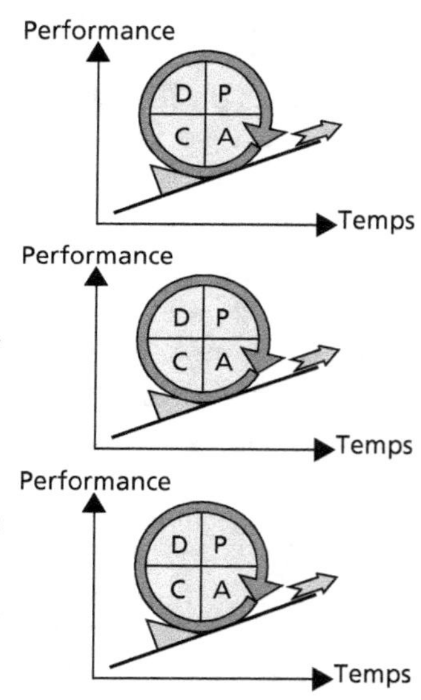

Valorisation et suivi

Vérifier :

- si les solutions mises en œuvre permettent d'atteindre les objectifs fixés.

Consolider :

- Corriger le tir si les résultats attendus ne sont pas obtenus.
- Poursuivre l'action dans la direction choisie et consolider les résultats.

Principaux acteurs

Production : ×
Maintenance : ×
Méthodes : ×
Qualité : ×

Logistique : ×
Études : ×
Gestion : ×

Méthodes et outils associés

Méthodes de résolution de problèmes

PDP
(Plan directeur de production)

Objectif

Prévoir sur une période glissante moyen terme (en général, six à douze mois : en fonction de la longueur du cycle de production) les quantités hebdomadaires à réaliser pour chaque produit fini.

Enjeux

Définir les ressources (humaines, matérielles, financières) nécessaires au fonctionnement de l'entreprise (sur un horizon moyen terme).

Renseigner le MRP des besoins à couvrir concernant les produits finis.

Suivre l'évolution des ventes (réalité/prévisions).

Suivre l'évolution des stocks.

Indiquer aux services commerciaux le disponible à vendre.

Principe

Le PDP constitue un élément fondamental du système de planification de la production.

Il établit le lien entre le PIC et le calcul des besoins (MRP le plus souvent).

Exemple de PDP : Article référence : 345673/200

Famille : renforts plats

Stock de départ	Taille du lot	Délai d'obtention	Stock de sécurité	Nb semaines fermes
240	Multiple de 200	1 semaine	100	4

Semaines	Commandes prévisionnelles	Commandes fermes	Stock prévisionnel 140	Projet d'OF (date de fin)	Projet d'OF (date de début)	Disponible à la vente
1	60	250	30	200	800	190
2	140	180	510	800		500
3	180	120	210		600	
4	250	60	500	600		530
5	320	10	170		600	
6	330		440	600		600
7	310		130			

Étapes de mise en application

Préparation

Déterminer la période concernée par le PDP. En général, la moitié de celle concernée par le PIC ou trois fois le cycle de production.

Découper cette période en sous-périodes (généralement en semaines).

Application

Lister les produits finis contenus dans chaque famille de produits finis.

Réaliser un tableau de calcul par produit fini en précisant : la taille du lot, le délai d'obtention, le stock de sécurité et le nombre de périodes fermes.

Organiser une réunion hebdomadaire pour mettre à jour le PDP :

* reporter dans le tableau :
    – le stock de départ (stock physique au début de la première période du tableau) ;

- les commandes fermes enregistrées pour les semaines à venir ;
- les commandes prévisionnelles pour les semaines à venir (en répartissant les données du PIC de manière hebdomadaire sur tous les produits finis d'une famille et en retranchant les commandes fermes enregistrées) ;
- les projets d'OF déterminés lors des précédentes réunions ;
- déterminer les projets d'OF pour maintenir un stock au moins positif, en précisant :
  - la semaine de début, qui correspond au début de production du projet (semaine de fin du projet – délai d'obtention) et détermine la semaine de disponibilité des articles de niveau directement supérieur lors du calcul de besoins (MRP) ;
  - la semaine de fin ;
- calculer :
  - le stock disponible en début de première semaine (Stock de départ – Stock sécurité) ;
  - le stock prévisionnel à la fin de chaque semaine (Stock semaine précédente + Projet d'OF – Commandes fermes – Commandes prévisionnelles) ;
  - le disponible à vendre pour chaque période concernée par un projet d'OF, qui correspond à la quantité de produits qui peuvent être vendus sans modifier les projets d'OF (Quantité du projet – Commandes fermes enregistrées jusqu'au prochain projet d'OF).

Vérifier la cohérence entre le PIC (famille de produits) et les PDP (produits).

Calculer les quantités mensuelles des projets d'OF de tous les produits d'une famille. Comparer ces quantités aux prévisions de productions mensuelles équivalentes définies dans le PIC. Un écart de 5 % est acceptable et ne remet pas en cause les capacités en regard des charges.

Calculer la capacité hebdomadaire (par atelier ou par section). En cas de surcharge ou sous-charge, procéder à un lissage de la charge et/ou à des actions de réduction ou d'augmentation de la capacité.

Valorisation et suivi

Utiliser les projets d'OF du PDP pour réaliser le calcul des besoins (MRP).

Pour les entreprises travaillant à la commande, le PDP peut se limiter au calcul des capacités disponibles.

Principaux acteurs

Production : ×   Logistique :
Maintenance :   Études :
Méthodes :   Gestion : ×
Qualité :

Méthodes et outils associés

– PIC   – Nomenclatures
– Gammes   – MRP

PIC
(Plan industriel et commercial)

Objectif

Donner une vision à long terme (un à trois ans glissants) de l'activité de l'entreprise par famille de produits.

Enjeux

Définir les ressources (humaines, matérielles, financières) nécessaires au fonctionnement de l'entreprise (sur un horizon long terme).

Déterminer le plan directeur de production.

Principe

Le PIC, élaboré par les services commerciaux, la production, les achats et la direction, représente l'élément de base de la planification.

Le PIC est un ensemble de trois tableaux, déclinés pour chaque famille de produits. Il précise :

- les ventes (issues du plan commercial);
- les productions;
- les stocks.

Chaque tableau fait apparaître une période passée (qui présente les résultats réels) et une partie prévisions.

Famille : xxx Unité = pièce Date de mise à jour : 4 avril 2001

VENTES	Prévues	Réelles	Écart	Écart %
J	600	640	+ 40	+ 6.6
F	650	660	+ 10	+ 1.5
M	750	780	+ 30	+ 4 .0
A	700			
M	700			
J	750			
J	750			
A	700			
S	800			
O	750			
N	650			
D	600			

PRODUCTIONS	Prévues	Réelles	Écart	Écart %
J	650	630	− 20	− 3.0
F	650	600	− 50	− 7.7
M	800	720	− 80	− 10.0
A	700			
M	700			
J	700			
J	700			
A	700			
S	700			
O	700			
N	700			
D	700			

STOCKS	Prévus	Réels	Écart	Objectif %
J	600	550	− 50	157
F	600	490	− 110	140
M	600	430	− 170	123
A	430			
M	430			
J	380			
J	330			
A	330			
S	230			
O	180			
N	230			
D	330			

Objectif stock : 350 +/− 100

Étapes de mise en application

Préparation

Déterminer la période concernée par le PIC (en fonction du cycle commercial). En règle générale, une durée d'un à deux ans est grandement suffisante (cette durée peut toutefois atteindre dix ans dans le cas de produits très sophistiqués, comme, par exemple, l'aéronautique).

Découper cette période en sous-périodes. En général en mois (en trimestres ou semestres pour les produits très sophistiqués).

Lister l'ensemble des produits vendus par l'entreprise.

Application

Regrouper les produits vendus en famille de manière à obtenir un PIC synthétique. Il est conseillé de définir dix à vingt familles de produits, au maximum.

Tracer pour chaque famille de produits les trois tableaux qui constituent le PIC (en précisant la famille concernée, l'unité et la date de mise à jour) :

* tableau des ventes ;
* tableau des productions ;
* tableau des stocks (en précisant l'objectif de stock : cible avec marge).

Organiser une réunion mensuelle pour mettre à jour le PIC :

* tableau des ventes :
    – reporter les prévisions de vente issues du plan commercial pour les mois à venir ;
    – reporter les ventes réelles du mois précédent ;
    – calculer l'écart en unités et en pourcentage entre le réel et le prévisionnel ;
* tableau des productions :
    – reporter la quantité réellement produite du mois précédent ;
    – calculer l'écart en unité et en pourcentage entre la production réelle et la production prévisionnelle ;
    – déterminer les prévisions de production des mois à venir afin de maintenir les stocks à l'objectif en fonction des prévisions de vente ;
* tableau des stocks :
    – reporter la valeur réelle des stocks à la fin du mois précédent ;
    – calculer l'écart en unité entre le stock réel et le stock prévisionnel ;
    – calculer le ratio du stock réel par rapport à l'objectif ;
    – calculer les stocks prévisionnels des mois à venir en fonction des prévisions de vente et de fabrication.

Vérifier la cohérence du PIC avec les capacités de production et engager les actions nécessaires :

* en cas de surcharge : heures supplémentaires, emprunt de personnel, transfert de charges, embauches, sous-traitance, augmentation du temps d'ouverture, achats ou location d'équipements ;

- en cas de sous-charge : réduction du temps d'ouverture, prêt de personnel, arrêt de contrats intérimaires, réintégration de sous-traitance, actions commerciales, suppression d'équipements, chômage…

Valorisation et suivi

Utiliser le PIC pour élaborer le plan directeur de production (PDP).

Principaux acteurs

Production :

Maintenance :

Méthodes :

Qualité :

Logistique :

Études :

Gestion : ×

Méthodes et outils associés

- Méthodes d'évaluation et d'extrapolation
- PDP

- Gammes
- Nomenclatures

Plan d'actions

Objectif

Préciser dans le temps les modalités d'application des différentes solutions décidées.

Enjeux

Suivre l'état d'avancement d'un projet.

Communiquer sur les actions en cours.

Respecter les délais.

Principe

Le plan d'actions se construit dans le cadre d'un groupe de travail.

Il permet, après avoir décomposé les solutions à mettre en œuvre en actions, de préciser pour chacune d'elles :

- sa description;
- son pilote;
- son délai de réalisation fixé.

Et éventuellement :

- sa date d'initialisation;
- le gain obtenu;
- les coûts mis en œuvre;
- sa date de clôture;
- sa validation;
- etc.

Solutions	Actions	Responsables	Délais prévus	Gains attendus	Délais réalisés	Validations
	Action A	Pierre	S34			
Solution 1	Action B	Jacques	S36	1 250 K€		
	Action C	Alain	S37			
	Action D	Jean	S28			
Solution 2	Action E	Martine	S31	1 950 K€		
	Action F	Loïc	S32			

Étapes de mise en application

Préparation

Recenser les solutions à appliquer.

Constituer le groupe de travail.

Application

Décomposer chaque solution en actions.

Affecter pour chaque action un responsable. Le responsable ne doit pas être imposé. Ce doit être un des membres du groupe de travail qui se désigne volontairement.

Déterminer un délai pour chaque action. Le délai doit être :

* donné par le responsable de l'action (c'est lui qui gère sa charge de travail) ;
* validé par l'animateur du groupe de travail (cohérence avec le projet global).

Préciser des informations complémentaires (éventuellement) :

* date d'initialisation de l'action ;
* gain attendu ;
* coût de mise en œuvre prévu ;
* date de clôture de l'action ;
* validation de l'action ;
* etc.

Valorisation et suivi

Afficher le plan d'actions dans le secteur concerné.

Vérifier le respect du plan d'actions :

* délais ;
* efficacité des actions ;
* coûts réels mis en œuvre ;
* etc.

Principaux acteurs

Production : ×   Méthodes : ×   Logistique : ×   Gestion : ×

Maintenance : ×   Qualité : ×   Études : ×

Méthodes et outils associés

– Méthodes de résolution de   – Gantt
  problèmes   – PERT

Plan d'expériences

Objectif

Quantifier à partir d'expérimentations l'importance des différents paramètres d'un processus sur sa réponse.

Enjeux

- Optimiser la performance du processus étudié.
- Organiser et estimer la durée et le coût des essais.
- Obtenir des conclusions fiables et reproductibles (les paramètres des essais sont connus de manière précise).
- Acquérir un savoir-faire et le diffuser simplement par une présentation graphique des résultats.

Principe

Réaliser une suite d'essais organisée à l'avance de manière à déterminer en un minimum d'essais et avec un maximum de précision, l'influence de multiples paramètres sur une ou plusieurs réponses (résultat d'une mesure).

Essais	Facteurs							Réponses
	A	B	AB	C	AC	BC	ABC	
E1	1	1	1	1	1	1	1	R1
E2	1	1	1	2	2	2	2	R2
E3	1	2	2	1	1	2	2	R3
E4	1	2	2	2	2	1	1	R4
E5	2	1	2	1	2	1	2	R5
E6	2	1	2	2	1	2	1	R6
E7	2	2	1	1	2	2	1	R7
E8	2	2	1	2	1	1	2	R8

La table $L8(2^7)$ de Taguchi permet de tester sept facteurs à deux niveaux ou trois facteurs à deux niveaux et toutes leurs interactions en huit essais au lieu de cent vingt-huit (en suivant un plan complet).

1 = facteur au niveau bas.

2 = facteur au niveau haut.

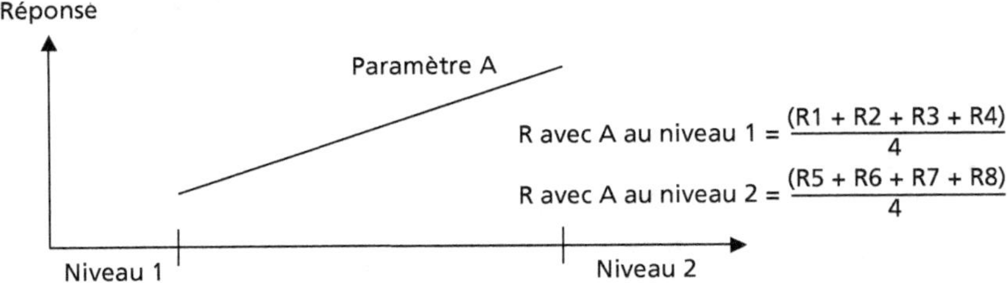

$$R \text{ avec A au niveau 1} = \frac{(R1 + R2 + R3 + R4)}{4}$$

$$R \text{ avec A au niveau 2} = \frac{(R5 + R6 + R7 + R8)}{4}$$

Étapes de mise en application

Préparation

Choisir le processus à étudier et identifier :

- sa réponse (R);
- les facteurs (F) internes (ceux que l'on peut maîtriser) et qui ont une incidence sur R.

Application

Sélectionner les facteurs pris en compte, fixer leurs modalités (niveau bas et niveau haut) et choisir les interactions (I) à étudier.

Construire le plan. Choisir une table adaptée au plan et affecter ses différentes colonnes aux facteurs et interactions en fonction des graphes linéaires.

Écrire la table et préparer les colonnes pour les réponses.

Réaliser les différents essais.

Analyser les résultats :

- calculer la réponse moyenne;
- calculer les effets (E) des facteurs et des interactions pour chaque niveau;
- écrire les tables des réponses et des interactions;
- faire une représentation graphique des résultats;
- calculer les effets globaux (EG) et les effets moyens (EM) de chaque facteur et chaque interaction.

Choisir les valeurs des paramètres qui optimisent la réponse.

Calculer l'influence des interactions (II) sur la prédiction.

Calculer la prédiction de R avec les facteurs retenus et leurs interactions.

Calculer la somme^2 des facteurs (S^{2}F), des interactions (S^{2}I), la somme^2 totale (S^{2}T) et la somme^2 du résiduel (S^{2}R). Si la somme carrée d'un facteur est inférieure à la somme carrée du résiduel, alors le facteur n'est pas significatif.

Calculer les contributions des facteurs (CF), des interactions (CI) et du résiduel (CR) → la contribution du résiduel doit être inférieure à 10 %.

Calculer les degrés de liberté affectés aux facteurs (ddlF), aux interactions (ddlI) et au résiduel (ddlR).

Calculer les variances des facteurs (VF), des interactions (VI) et du résiduel (VR).

Déterminer les Fisher calculés et théoriques (en utilisant la table de SNEDECOR). Pour qu'un facteur soit représentatif, son Fisher calculé doit être supérieur au Fisher théorique.

Valorisation et suivi

Réaliser l'expérience de confirmation. Valider les paramètres si les résultats sont confirmés sinon, reprendre l'analyse.

Principaux acteurs

Production : ×   Logistique :

Maintenance : ×   Études : ×

Méthodes : ×   Gestion :

Qualité : ×

Méthodes et outils associés

Description de processus

Formules des différents calculs

Moyenne = (Somme des réponses)/ Nombre d'expériences

Effet d'un facteur (E$_F$) ou d'une interaction (E$_I$) à chacun de leur niveau :

E$_{Fà1}$ = (Somme des réponses avec F à 1)/ Nombre d'expériences avec F à 1

Table d'une interaction : IAB = Interaction entre les facteurs A et B

	A1	A2
B1	←	
B2		

Somme des réponses avec Aà1 et Bà1/Nb exp avec Aà1 et Bà1

Effet global d'un facteur (EG_F) ou d'une interaction (EG_I) :

EG_F = valeur absolue de ($EF_{à1}$) − ($EF_{à2}$)

Effet moyen d'un facteur (EM_F) ou d'une interaction (EM_I) :

$EM_{Fà1}$ = $EF_{à1}$ − moyenne

Influences d'une interaction (II) sur la prédiction :

II_{AnBm} = somme des réponses avec $Aà_n$ et $Bà_m$/Nb exp avec $Aà_n$ et $Bà_m$

− Moyenne − $EMA_{àn}$ - $EMB_{àm}$

Somme carrée d'un facteur (S^2F) ou d'une interaction (S^2I) :

S^2F = (($EM_{Fà1}$)^2 + ($EM_{Fà2}$)^2) × Nb résultats par niveau

Somme carrée totale (S^2T) :

S^2T = Somme (Ri − moyenne)^2

Somme carrée du résiduel (S^2R) :

S^2R = S^2T − S^2 des facteurs − S^2 des interactions

Contribution d'un facteur (CF), d'une interaction (CI) et du résiduel (CR) :

CF = S^2F/S^2T CI = S^2I/S^2T CR = S^2R/S^2T

Calcul des degrés de liberté :

ddlF = Nb niveaux de F − 1 $ddlI_{AB}$ = ddl_A × ddl_B

ddlR = Nb essais − 1 − somme des ddl facteurs − somme des ddl interactions

Calcul des variances :

VF = S^2F/ddlF VI = S^2I/ddlI VR = S^2R/ddlR

Calcul des Fischer théoriques :

FtF = VF/VR FtI = VI/VR.

Poka yoke

Objectif

Verrouiller le processus dans l'exécution du travail de l'opérateur.

Enjeux

Éliminer les risques de production de non-conformité (réduire les coûts de non-qualité).

Éliminer les risques de défaillance (améliorer la disponibilité des équipements).

Éliminer les risques d'accident (améliorer la sécurité).

Satisfaire les exigences des clients.

Principe

Dans un contexte de moyennes et de grandes séries, les opérateurs sont amenés à réaliser diverses opérations répétitives.

Ce genre de travail nécessite de leur part une attention permanente et soutenue pour garantir un travail de qualité.

Il est donc possible, sur des séries de plusieurs centaines de pièces, que l'opérateur commette une erreur (distraction, fatigue…).

Afin de palier à cette éventualité, il convient d'équiper les postes de travail de dispositifs qui empêchent ces erreurs.

Ces dispositifs ou détrompeurs peuvent se présenter sous différentes formes :

- binaires, qui autorisent à positionner un élément uniquement dans la position admise pour sa réalisation ;
- par comptage, qui garantissent qu'aucun élément n'a été oublié ;
- par étape, qui garantissent l'exécution du mode opératoire dans l'ordre défini ;
- par visualisation automatique (caméra).

Étapes de mise en application

Préparation

Recenser les opérations à risque :

- par audit ;
- par expérience.

Classer ces opérations à risque par ordre d'importance :

- probabilité de réaliser une erreur ;
- probabilité de ne pas détecter l'erreur avec le plan de surveillance mis en place ;
- gravité des conséquences.

Application

Constituer un groupe de travail pour proposer des dispositifs efficaces :

- capteurs de présence ;
- détrompeurs ;
- compteurs ;
- balance ;
- caméra ;
- etc.

Réaliser les dispositifs proposés par le groupe de travail.

Mettre en œuvre les dispositifs réalisés.

Mesurer l'efficacité de ces dispositifs à l'aide de « pièces pièges ».

Valorisation et suivi

Vérifier la bonne utilisation de ces dispositifs :

- audits ;
- pièces pièges.

Réaliser des opérations de maintenance préventive sur ces dispositifs pour garantir leur efficacité dans le temps.

Principaux acteurs

Production : ×   Logistique : ×

Maintenance : ×   Études : ×

Méthodes : ×   Gestion :

Qualité : ×

Méthodes et outils associés

– Méthodes de résolution de   – AMDEC
  problèmes   – SPS
– 5S   – SMED

Processus
Description

Objectif

Représenter efficacement, sous une forme simple, le déroulement d'un processus ainsi que toutes ses composantes.

Enjeux

- Améliorer la compréhension d'un processus.
- Améliorer les performances d'un processus.
- Déterminer des temps standard.
- Élaborer des gammes.

Principe

Un processus est un ensemble d'opérations, corrélées ou interactives, qui transforme des éléments d'entrées en éléments de sorties.

Décrire un processus consiste à :

- caractériser l'ensemble des informations relatives à son fonctionnement;
- établir l'enchaînement de ses opérations (logigramme).

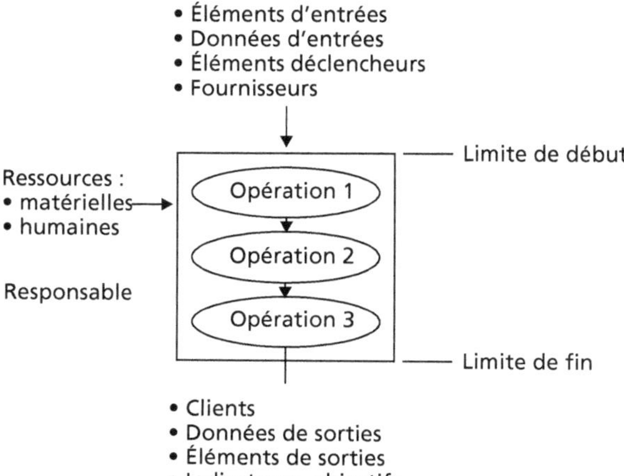

Étapes de mise en application

Préparation

Identifier le processus à décrire :

- nommer le processus ;
- préciser son type (direction, réalisation ou support) ;
- déterminer ses limites (limite de début et limite de fin).

Application

Observer le processus (film ou support papier).

Caractériser l'ensemble des composantes du processus :

- lister les éléments et les données d'entrées ;
- lister les éléments et les données de sorties ;
- lister les ressources mises en œuvre (matérielles, humaines, organisationnelles) ;
- identifier les éléments déclencheurs ;
- préciser le responsable du processus ;
- lister les fournisseurs du processus (internes et externes) ;
- lister les clients du processus (internes et externes) ;
- lister les indicateurs de performance suivis et leurs objectifs.

Réaliser le logigramme (enchaînement de ses différentes opérations). Lister dans l'ordre de leur réalisation l'ensemble des opérations (de manière microscopique ou macroscopique, en fonction du but recherché) et préciser pour chacune d'elles :

- la désignation
- le type :
  - valeur ajoutée (opération qui entraîne un changement d'état du produit) ;
  - transfert ;
  - contrôle qualité ;
  - attente, en-cours ;
  - stockage ;
- les acteurs ;
- les moyens mis en œuvre ;
- les performances observées (temps, distance, surface, rendement…) ;
- les risques.

Valorisation et suivi

Établir la cartographie des processus d'une activité.

Engager une analyse du processus de manière à augmenter ses performances.

Principaux acteurs

Production : ×

Maintenance : ×

Méthodes : ×

Qualité : ×

Logistique : ×

Études : ×

Gestion : ×

Méthodes et outils associés

– Analyse de processus

– 5S

– Chronométrage

– Gamme

QQOQCCP

Objectif

Décrire précisément une idée, une situation, une cause, une solution…

Enjeux

Engager des actions d'amélioration.

Définir des objectifs.

Améliorer la communication.

Principe

Le QQOQCCP est un outil de questionnement qui se pratique en groupe de travail. Il permet de caractériser une situation en la décrivant selon un « angle » bien défini, en fonction du but recherché.

Utiliser toutes les informations disponibles afin de répondre aux questions :

Description d'une situation insatisfaisante

Questions		Combien ?
Qui ?	Opérateurs de production	Trois personnes
Quoi ?	Produit référence xxxx	
Où ?	Atelier d'injection de l'entreprise Dupont	
Quand ?	Le 3 septembre 2002	Depuis deux semaines
Comment ?	Rebuts	30 % de la production
Pourquoi ?	Pertes matière, perte temps, risque de sanction	200 € de matière et 45 minutes chaque jour

Si les informations nécessaires aux réponses sont inconnues, alors mettre en place des outils pour les collecter (feuilles de relevés, enquêtes, audits…).

Étapes de mise en application

Préparation

Choisir «l'objet» de la description.

Constituer le groupe de travail.

Application

Répondre de manière systématique et complète aux questions :

- qui est concerné : acteur, responsable… ?
- de quoi s'agit-t-il : fait, projet, situation, objet, action, opération, phase… ?
- où ? : lieu ;
- quand ? : à quel moment, planning, durée, fréquence… ;
- comment se manifeste l'objet de la description ?
- combien ? pour chacune des questions précédentes ;
- pourquoi ? : pour quelles raisons, pour quelles causes…

Réaliser des enquêtes et/ou des mesures si les réponses à certaines questions ne sont pas possibles.

Relire l'ensemble des réponses afin de vérifier si la description de «l'objet» est cohérente.

Valorisation et suivi

Faire une synthèse des différentes réponses se manière à formuler l'objet en une ou deux phrases.

Utiliser des outils complémentaires pour exploiter la description réalisée.

Principaux acteurs

Production : ×   Logistique : ×

Maintenance : ×   Études : ×

Méthodes : ×   Gestion : ×

Qualité : ×

Méthodes et outils associés

- Groupe de travail   – Pareto
- Feuilles de relevés   – SPC

Rendement matière
(en quantité : volume, longueur, poids...)

Objectif

Mesurer la performance de mise en œuvre de la matière.

Enjeux

Réduire les coûts matière.

Principe

Quantifier, par des relevés ou par des calculs, les différentes consommations d'une matière utilisée pour réaliser un ordre de fabrication (OF).

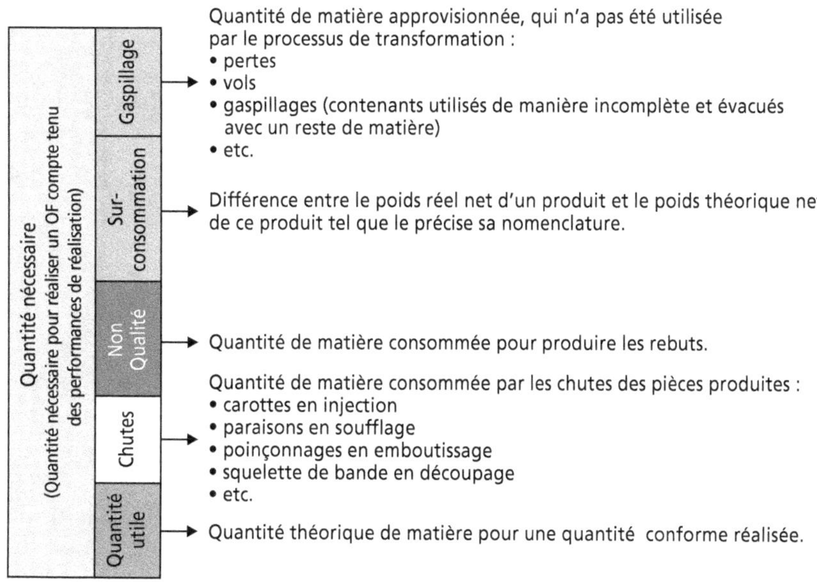

Quantité de matière approvisionnée, qui n'a pas été utilisée par le processus de transformation :
- pertes
- vols
- gaspillages (contenants utilisés de manière incomplète et évacués avec un reste de matière)
- etc.

Différence entre le poids réel net d'un produit et le poids théorique net de ce produit tel que le précise sa nomenclature.

Quantité de matière consommée pour produire les rebuts.

Quantité de matière consommée par les chutes des pièces produites :
- carottes en injection
- paraisons en soufflage
- poinçonnages en emboutissage
- squelette de bande en découpage
- etc.

Quantité théorique de matière pour une quantité conforme réalisée.

Étapes de mise en application

Préparation

Définir pour chaque composant, la quantité nette nécessaire à la réalisation d'un composé (coefficient net de la gamme). La quantité nette ne prend pas en compte les chutes, les rebuts, la surconsommation et les pertes.

Créer un document de relevés (quantité matière et quantités pièces produites). Document affecté à un OF et qui sera renseigné au fur et à mesure de son avancement.

Créer un programme d'exploitation afin de calculer le rendement matière à partir des relevés effectués.

Application

Former le personnel :

- principe du rendement matière ;
- rôle de chacun ;
- le relevé des informations ;
- le calcul du rendement ;
- l'exploitation des résultats.

Relever les informations utiles au calcul du rendement (sur le document de relevés) :

- la quantité produite conforme ;
- la quantité rebutée ;
- la quantité de matière sortie pour réaliser l'OF ;
- la quantité de matière réintégrée en fin d'OF ;
- la quantité nette moyenne de matière pour réaliser un article (par pesées statistiques) ;
- la quantité nette moyenne de la chute d'un article (par pesées statistiques) ;

Ces informations sont relevées par l'opérateur, au fur et à mesure de l'avancement de l'OF.

Saisir les relevés de production dans le programme de calcul du rendement :

- calculer le rendement matière :
    - rendement matière = Quantité utile/Quantité totale utilisée ;
    - quantité utile = Quantité conforme produite × Coefficient net ;

- valoriser les causes pertes matière (chutes, non-qualité, surconsommation, pertes) :
  - quantité consommée par les chutes = Valeur moyenne d'une chute × Quantité totale de produits réalisés ;
  - quantité consommée par la non-qualité = quantité de rebuts produits × Coefficient net ;
  - quantité sur-consommée = (Valeur nette moyenne d'un produit − Coefficient net) × Quantité totale de produits réalisés ;
  - quantité consommée par les gaspillages = Quantité totale utilisée − Quantité utile − Quantité consommée par les chutes − Quantité consommée par la non-qualité − Quantité sur-consommée.

Exploiter les résultats obtenus journellement (correction des dérives) et mensuellement (plan d'amélioration).

Valorisation et suivi

Renseigner le tableau de bord.

Principaux acteurs

Production : ×   Logistique :

Maintenance :   Études : ×

Méthodes : ×   Gestion : ×

Qualité : ×

Méthodes et outils associés

− Nomenclature   − TPM

− 5S   − Méthodes de résolution de problèmes

Réseau **PERT**
(*Program Evaluation Review Technic*)

Objectif

Planifier de manière optimale les différents travaux d'un projet.

Enjeux

- Satisfaire les exigences clients.
- Déterminer le délai de réalisation d'un projet.
- Déterminer les jalons de chaque travail d'un projet.
- Suivre l'état d'avancement d'un projet.

Principe

Le réseau PERT s'applique pour planifier des travaux de réalisation d'articles :

- complexes (multi-niveaux) ;
- réalisés en un seul exemplaire ;
- entièrement réalisés dans le cadre d'une seule commande.

Il permet, à partir des temps de réalisation de chaque travail et de leurs conditions de mise en œuvre, de déterminer :

- le délai global le plus performant ;
- le délai de début du projet en fonction des exigences client ;
- les jalons de début et de fin au plus tôt et au plus tard de chaque travail.

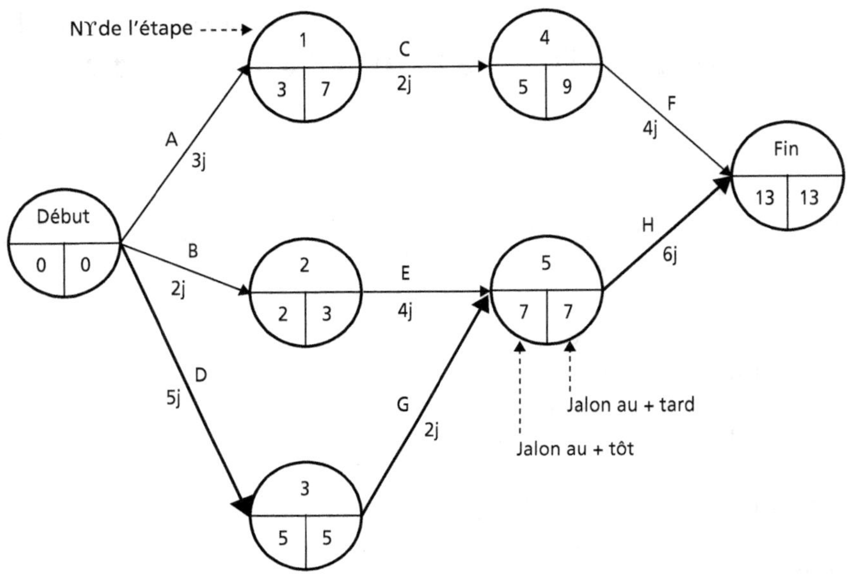

Étapes de mise en application

Préparation

Recenser tous les travaux nécessaires à la réalisation du projet.

Application

Calculer le temps de réalisation de chaque travail. Le temps de réalisation d'un travail comprend :

- son temps de préparation ;
- son temps d'exécution ;
- son temps de transit pré-opératoire (file d'attente…) ;
- son temps de transit post-opératoire (transfert, attente…).

Déterminer pour chacun des travaux, les travaux antérieurs (les travaux qui doivent être achevés avant de débuter un travail donné).

Identifier les travaux de début de projet et de fin de projet :

- les travaux de début sont ceux qui n'ont pas d'antériorité ;
- les travaux de fin sont ceux qui n'ont pas d'antériorité.

Construire les graphes partiels :

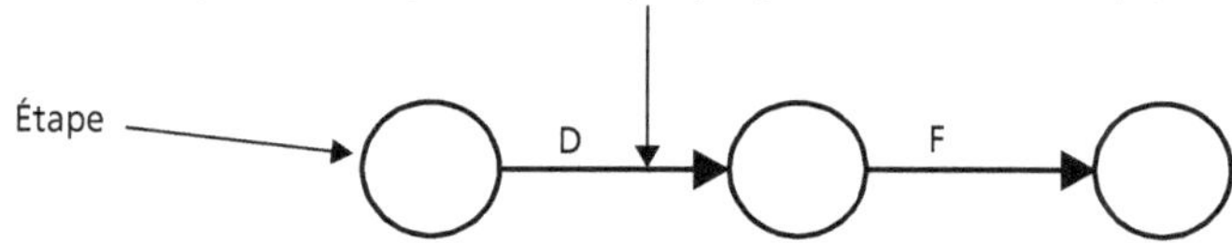

Tracer le réseau en associant entre eux les graphes partiels. Un réseau ne comporte qu'une étape de début et qu'une étape de fin. Les travaux de début partent donc tous de l'étape de début, et les travaux de fin terminent donc tous à l'étape de fin.

Déterminer, pour chaque travail, les jalons de début et de fin, au plus tôt et au plus tard. Les jalons au plus tôt sont déterminés en calculant les délais de manière progressive. Lorsque deux chemins arrivent à une étape, le jalon le plus tôt à prendre en compte est le plus long. Les jalons au plus tard sont déterminés en calculant les délais de manière régressive. Lorsque deux chemins arrivent à une étape, le jalon au plus tard à prendre en compte est le plus court.

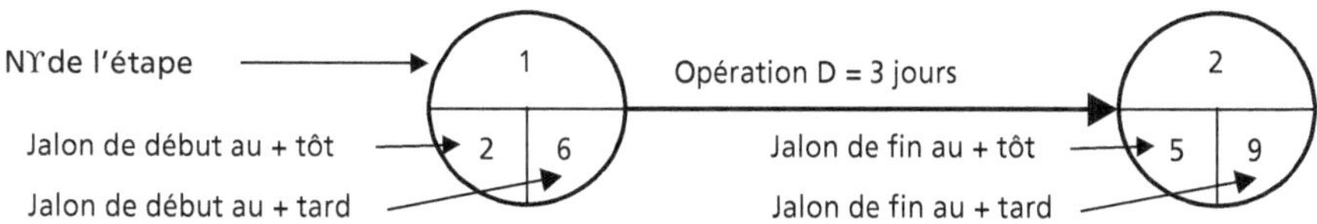

Repérer le chemin critique. Le chemin critique est le chemin qui passe par les étapes qui ont des délais au plus tôt et au plus tard identiques. La durée des travaux qui constituent ce chemin critique doit être impérativement respectée pour tenir le délai global du projet.

Valorisation et suivi

Afficher le réseau dans le secteur concerné.

Vérifier le respect des jalons de chaque étape.

Principaux acteurs

Production : ×   Logistique : ×

Maintenance : ×   Études : ×

Méthodes : ×   Gestion : ×

Qualité : ×

Méthodes et outils associés

- Méthodes de résolution de
  problèmes
- Plan d'actions
- TRS

- SMED
- Nomenclature
- Gamme

Rouge/vert
Amélioration de processus

Objectif

Réduire ou supprimer tout ce qui n'apporte pas de valeur pour le client.

Enjeux

Améliorer les référentiels temps et les performances (fabrication, changement d'outils, tâches administratives…) par la réduction de la non-valeur ajoutée.

Principe

Dans le cadre d'un groupe de travail, cette méthode consiste à observer les différentes opérations qui constituent un processus de manière à :

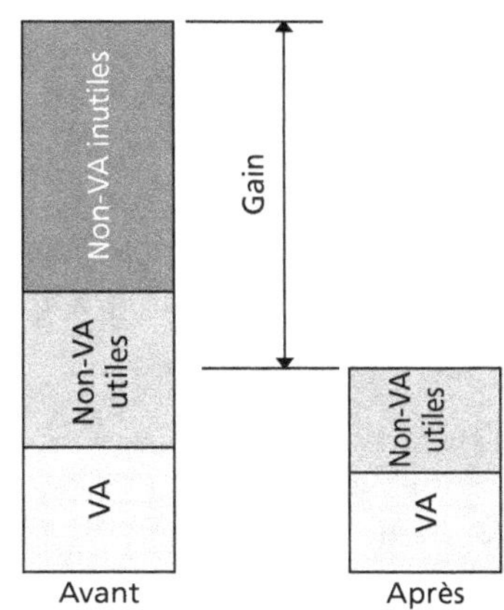

- éliminer les opérations qui n'apportent pas de valeur ajoutée (VA) au produit et qui ne sont pas nécessaires à sa transformation (déplacements, retouches, stockages, attentes…) ;

- réduire fortement les opérations qui n'apportent pas de valeur ajoutée au produit, mais qui sont nécessaires à la réalisation de ses opérations de transformation (approvisionnement, changements de séries…) ;

- optimiser les opérations qui apportent de la valeur ajoutée au produit.

Étapes de mise en application

Préparation

Choisir le processus à améliorer.
Constituer le groupe de travail.

Application

Décrire le processus : caractéristiques ; logigramme.

Analyser les opérations du processus : quantifier (temps) et classer les opérations selon le principe « rouge/vert » :

- « rouge » : opérations inutiles qui n'apportent pas de valeur ajoutée ;
- « rouge/vert » : opérations utiles mais qui n'apportent pas de valeur ajoutée ;
- « vert » : opérations qui apportent de la valeur ajoutée.

Rechercher des actions d'amélioration afin de : supprimer les opérations « rouge » ; réduire les opérations « rouge/vert » et d'optimiser les opérations « vert ».

Pour faciliter la recherche des solutions, répondre, pour chaque opération étudiée, aux questions suivantes :

- quel est le but de l'opération ?
- quelles sont les conditions à réunir pour réaliser l'opération ?
- comment peut-on réunir ces conditions différemment ?

Établir le plan d'actions.

Mettre en œuvre le plan d'actions.

Valorisation et suivi

Mesurer l'efficacité des actions : audits ; indicateurs.

Standardiser les actions à des situations semblables.

Principaux acteurs

Production : ×   Logistique : ×
Maintenance : ×   Études : ×
Méthodes : ×   Gestion : ×
Qualité : ×

Méthodes et outils associés

- Description de processus   – Pareto
- 5S   – SMED
- Chronométrage   – Plan d'actions
- Méthode de résolution de   – Indicateurs
  problèmes   – Audits

SMED
(*Single Minute Exchange of Die*)

Objectif

Réduire les temps de changement de série de manière drastique.

Enjeux

Augmenter la capacité des équipements.

Augmenter la disponibilité des équipements.

Réduire les stocks.

Réduire les quantités économiques de production.

Améliorer la réactivité.

Principe

La durée du changement de série s'entend de la dernière pièce conforme d'une production jusqu'à la première pièce conforme de la production suivante (en condition série).

Les opérations ci-dessous sont incluses dans le temps de changement de série :

- procédure d'arrêt machine ;
- changement d'outillage ;
- changement d'environnement (périphériques) ;
- changement de matière ;
- réglages et ajustements ;
- contrôle des premières pièces.

La méthode consiste dans un premier temps à observer un changement de production afin de relever et chronométrer les différentes opérations réalisées.

Ensuite, l'analyse de cette observation permet de trouver des idées pour réduire la durée du changement de série en :

- séparant les opérations internes des opérations externes ;
- transformant des opérations internes en opérations externes ;
- réduisant la durée des opérations internes et externes ;
- fiabilisant le processus de changement.

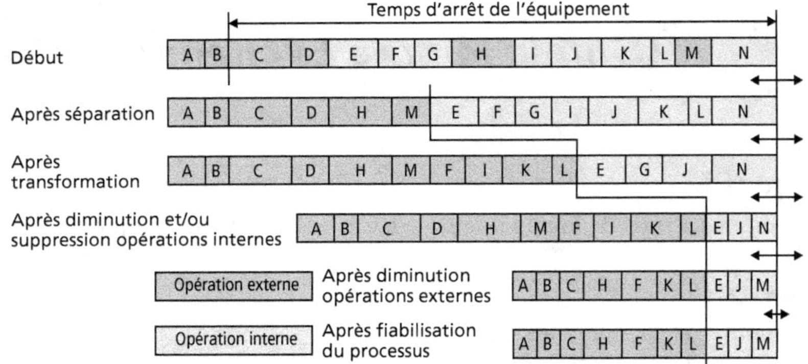

Étapes de mise en application

Préparation

Choisir un équipement sur lequel appliquer la méthode.

Application

Observer un changement de série (relevé papier ou film) : dresser la liste des opérations ainsi que le temps passé à leur réalisation.

Séparer les opérations internes des opérations externes :

- opération interne = opération qui ne peut être réalisée uniquement équipement à l'arrêt ;
- opération externe = opération peut être réalisée équipement en marche.

  Réaliser en préparation toutes les opérations qui peuvent s'effectuer équipement en marche.

Transformer des opérations internes en opérations externes. Rechercher des idées en répondant pour chaque opération interne aux questions suivantes :

- quel est le but de l'opération ?
- quelles sont les conditions nécessaires à sa réalisation ?
- comment peut-on préparer à l'avance ces conditions ?

  Modifier des moyens de manutentions, doubler des matériels (manutention, centrage, positionnement…), créer des bancs de pré-montage, de pré-réglage, de pré-chauffage…

Diminuer la durée des opérations internes :
* supprimer les opérations inutiles;
* standardiser;
* rapprocher les commandes;
* améliorer les positionnements;
* créer des gammes de montage;
* réduire le nombre de serrages;
* travailler à plusieurs;
* créer des serrages fonctionnels;
* créer des fiches de réglages efficaces.

À la fin de cette étape, seules les opérations internes répétitives du changement de série ont été traitées. Cela permet d'arrêter moins longtemps l'équipement pour effectuer un changement de série, mais ne permet pas ou très peu de diminuer le temps de travail du régleur ainsi que de palier aux aléas rencontrés. Il est donc nécessaire d'ajouter deux étapes supplémentaires.

Diminuer le temps de préparation (opérations externes).
Supprimer des opérations externes ou réduire leur temps de réalisation :
* créer des check-lists de préparation;
* identifier et ranger de manière fonctionnelle;
* rapprocher les zones de stockage de l'utilisation.

Fiabiliser le processus de changement de série (de manière à reproduire un temps semblable à chaque changement de série) :
* établir un mode opératoire;
* utiliser des poka yoke;
* fiabiliser les équipements;
* fiabiliser les planifications.

Valorisation et suivi

Renseigner l'indicateur (ne pas oublier de l'afficher dans l'atelier).

Auditer le processus régulièrement (notamment la préparation).

Principaux acteurs

Production : ×

Maintenance : ×

Méthodes : ×

Qualité : ×

Logistique : ×

Études :

Gestion :

Méthodes et outils associés

- TRS
- 5S
- Rouge/Vert
- Poka yoke
- Kanban
- MRP
- Capabilité
- SPC
- Auto-maintenance…

TPM
(*Totale Productive Maintenance*)

Objectif

Augmenter la disponibilité et le rendement des équipements.

Enjeux

- Optimiser les coûts de revient.
- Respecter les délais définis par la planification.
- Améliorer la réactivité.
- Améliorer la qualité.
- Améliorer la sécurité.
- Augmenter la durée de vie des équipements.
- Développer l'activité.

Principe

La TPM consiste à traiter essentiellement de manière **préventive** toutes les **pannes** et **dysfonctionnements** qui pénalisent les équipements et qui, de ce fait, entraînent une incapacité à satisfaire les exigences clients :

- la production est arrêtée (production impossible) ;
- les produits réalisés sont non conformes (quantité produite > besoins) ;
- la durée théorique de production n'est pas respectée (non-respect des temps gamme).

La TPM, tout en traitant les arrêts :

- **graves**, d'une durée supérieure à la journée (quelques fois dans l'année, qui mobilisent toute les fonctions de l'entreprise, qui nécessitent des remplacements de sous ensembles importants réalisés par du personnel qualifié, qui nécessitent la plupart du temps un étalonnage) ;
- **importants**, d'une durée de plusieurs heures (quelques fois dans le mois, qui mobilisent essentiellement le service maintenance, qui nécessitent des changements de pièces) ;
- **mineurs**, d'une durée inférieure à l'heure (plusieurs fois dans la semaine, mobilisent essentiellement le service maintenance, qui nécessitent des changements de pièces simples disponibles) ;

insiste tout particulièrement sur :

- **les micros-arrêts** de production (plusieurs fois par jour, qui ne mobilisent que le personnel de production, souvent résolus en redémarrant l'équipement, pour lesquels la maintenance est rarement avertie);
- **les incidents qui n'entraînent pas d'arrêts**, mais qui ralentissent le débit de la production ou qui dégradent les qualités des produits (plusieurs fois par jour, ne mobilisent, dans la plupart des cas, personne, sont vécus comme la fatalité, pour lesquels la maintenance est rarement avertie).

La TPM part en effet du principe que tout arrêt grave, important ou mineur a été précédé de symptômes tels que **micros-arrêts** et **dysfonctionnements**.

Étapes de mise en application

Préparation

Réaliser un audit :

- diagnostiquer globalement la situation;
- mettre en évidence les gisements de productivité;
- orienter les décisions futures.

Planifier les actions de TPM de manière à :

- soit insérer la TPM dans le plan de progrès de l'entreprise;
- soit constituer par le biais de la TPM une première étape de transformation de l'entreprise;
- soit absorber, sous le pavillon TPM, l'ensemble des actions qu'il est nécessaire de mener (qualité, gestion de production, SMED…)

Application

Nettoyer et remettre en ordre. Appliquer les 5S aux ateliers et équipements concernés.

Mesurer la performance des équipements de production :

- TRS (pour traiter tous les arrêts qui peuvent être recensés);
- étiquettes (pour traiter tous les dysfonctionnements qui n'entraînent pas d'arrêts et tous les micros-arrêts);
- bâtonnage (pour traiter tous les dysfonctionnements qui n'entraînent pas d'arrêts et tous les micros-arrêts);
- temps moyens d'intervention (MTTR), temps moyen d'arrêt (MDT), temps moyen de bon fonctionnement (MTBF).

Mettre en place les outils industriels dont la nécessité est apparue lors de l'audit.

Baser la réorganisation de la maintenance sur la fiabilité (MBF). Cette étape consiste à définir les conditions de maintenance préventive, qu'il s'agisse d'opérations effectuées par :

* le personnel de production (auto-maintenance);
  - niveau 1 : surveillance et réglage d'équipements au moyen d'instruments installés; échanges standard d'organes simples (cartouche de filtre…);
* le personnel de maintenance :
  - niveau 2 : échanges standard d'organes ou pièces de rechange faciles à remplacer;
  - niveau 3 : interventions incluant un diagnostic ainsi qu'une identification des composants et pièces à remplacer;
  - niveau 4 : intervention complète sur un équipement impliquant le diagnostic de tous les organes principaux et leur remplacement éventuel.

Les opérations de maintenance préventive (inspections et gammes) sont déterminées en fonction :

* des recommandations constructeurs;
* d'études AMDEC;
* de l'historique.

Valorisation et suivi

Redéfinir la fonction des opérateurs de production.

Suivre les indicateurs.

Principaux acteurs

Production : ×　　　　　Logistique :

Maintenance : ×　　　　Études :

Méthodes : ×　　　　　Gestion : ×

Qualité : ×

Méthodes et outils associés

- 5S　　　　　　　　　　－ Bâtonnage
- SMED　　　　　　　　－ Étiquettes
- Auto-maintenance　　　－ AMDEC
- TRS　　　　　　　　　－ Méthodes de résolution de problèmes

TRS
(Taux de rendement synthétique)

Objectif

Mesurer l'importance des fluctuations aléatoires (arrêts, non-qualité, ralentissements) sur l'efficience des équipements de production et en particulier sur les contraintes.

Enjeux

* Augmenter la capacité nette des équipements de production.
* Réduire les coûts de revient.
* Développer l'activité.
* Définir les investissements.
* Rationaliser les équipements.

Principe

Quantifier par des relevés ou des calculs les différents états périodiques d'un équipement.

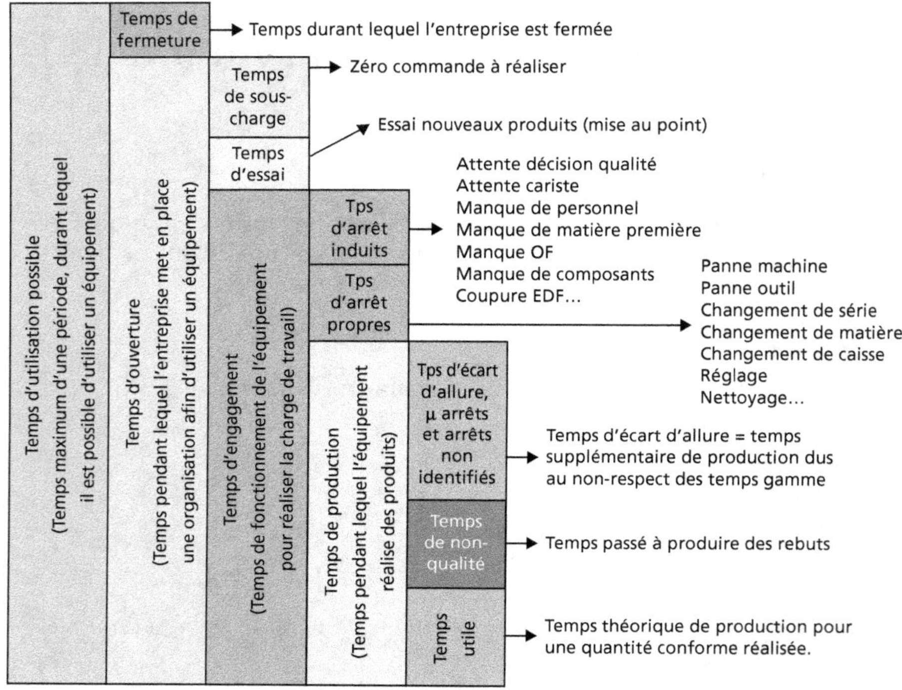

TRS = Temps utile/Temps d'engagement

Étapes de mise en application

Préparation

Définir le référentiel temps de cycle instantané gamme optimisée. C'est le meilleur temps possible qui permet de réaliser des produits conformes dans un contexte de sécurité et de fiabilité.

Créer une feuille de relevés (temps et quantités). Feuille affectée à un équipement, pour une période donnée, renseignée sur le poste de travail.

Créer un programme d'exploitation afin de calculer le TRS à partir des relevés de production.

Application

Former le personnel :

- principe du TRS;
- rôle de chacun;
- le relevé des informations;
- le calcul du TRS;
- l'exploitation des résultats.

Relever les informations utiles au calcul du TRS (sur la feuille de relevés) :

- les temps d'engagement par référence produite;
- les quantités produites conformes par référence;
- les quantités rebutées par référence;
- les temps d'arrêts (propres et induits) par nature et par référence, de sous-charge et d'essais.

  Ces informations sont relevées par l'opérateur, sur l'équipement et au fur et à mesure des événements.

Saisir les relevés de production dans le programme de calcul du TRS pour :

- calculer le TRS
    - TRS = Temps utile/Temps d'engagement;
    - Temps utile = Quantité conforme produite × Temps unitaire instantané gamme optimisée;
- valoriser les causes de non-RS (arrêts, non-qualité, écarts d'allure) :
    - Temps d'arrêt par nature en cumulant leurs durées;
    - Temps de non-qualité = Quantité de rebuts produits × Temps unitaire instantané gamme optimisée;
    - Temps d'écart d'allure = Temps d'engagement − Temps d'arrêt − Temps non-qualité − Temps utile;
    - Temps d'engagement = Temps d'ouverture − Temps de sous-charge − Temps d'essai.

Exploiter les résultats obtenus :

- journellement pour corriger les dérives (5 à 10 minutes);
- mensuellement pour engager des actions d'amélioration sur les gisements les plus importants (2 heures).

Valorisation et suivi

Mettre à jour l'indicateur.

Principaux acteurs

Production : ×

Maintenance : ×

Méthodes : ×

Qualité : ×

Logistique : ×

Études : ×

Gestion : ×

Méthodes et outils associés

– 5S

– SMED

– TPM

– Méthodes de résolution de
problèmes

Vote pondéré

Objectif

Déterminer l'importance relative de critères par ordre décroissant d'importance.

Critères : idées; causes; solutions; etc.

Enjeux

Faire ressortir ce qui paraît important et ce qui l'est moins.

Engager une réflexion efficace et performante en fonction de priorités. Etc.

Principe

Le vote pondéré se pratique en groupe de travail.

Lorsque l'évaluation factuelle des critères d'une liste n'est pas possible ou difficile, le vote pondéré s'appuie sur le vécu et l'expérience des participants au groupe de travail afin d'identifier quels sont ceux qui semblent être les plus importants.

Choix d'un loisir pour une famille de cinq personnes parmi ceux listés lors d'un brainstorming

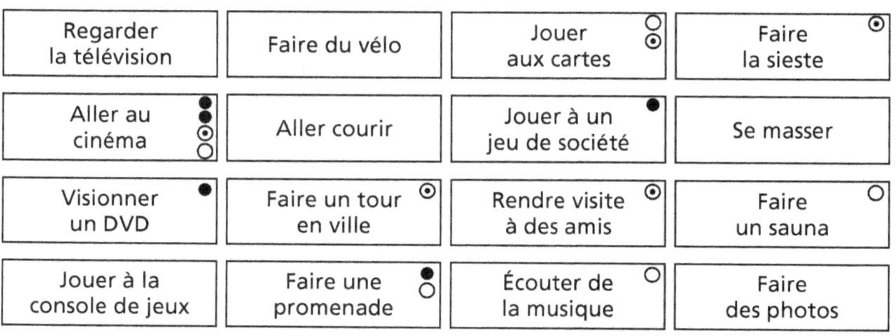

Étapes de mise en application

Préparation

Établir la liste des critères à hiérarchiser en mettant en œuvre des outils adaptés.

Constituer le groupe de travail avec des personnes qui possèdent une bonne expérience du domaine étudié.

Application

Informer le groupe de l'utilité de cette hiérarchisation.

Rappeler les règles du vote pondéré.

Affecter à chaque participant trois « bulletins », par exemple :

- un bulletin de 5 points;
- un bulletin de 3 points;
- un bulletin de 1 point.

Demander aux participants d'affecter leurs bulletins aux différents critères de la liste :

- 5 points au critère qui semble avoir l'importance 1;
- 3 points au critère qui semble avoir l'importance 2;
- 1 point au critère qui semble avoir l'importance 3.

Calculer le nombre de points obtenus par chaque critère.

Valorisation et suivi

Retenir les critères qui ont obtenu le plus de points en utilisant la règle des 20/80 (loi de Pareto).

Principaux acteurs

Production : ×   Logistique : ×

Maintenance : ×   Études : ×

Méthodes : ×   Gestion : ×

Qualité : ×

Méthodes et outils associés

– Groupe de travail   – Pareto

Conditions de réussite dans la mise en œuvre d'un outil

Après avoir sélectionné la technique adaptée pour traiter une situation donnée, il est nécessaire d'organiser sa mise en œuvre pour se donner toutes les chances d'atteindre les objectifs fixés.

Il existe un certain nombre de principes fondamentaux à respecter, tels que :

- informer toutes les personnes concernées par la situation :
    - en expliquant les conséquences de cette situation pour l'entreprise, mais aussi à un niveau plus individuel, plus personnel. Ainsi averties, ces personnes seront plus à même de s'investir pour participer à la démarche. Connaissant le but à atteindre et son intérêt, elles seront prêtes à fournir les efforts nécessaires ;
    - en présentant la manière dont sera traitée cette situation afin qu'elles mesurent l'implication de toute l'entreprise au travers des moyens mis en œuvre ;
    - en précisant les rôles que chacun devra tenir afin de prendre conscience que la démarche engagée est l'affaire de tous et que seul un travail collectif garantira sa réussite ;
- respecter les étapes de mise en œuvre de la technique. Ne pas chercher à vouloir aller trop vite ou trop en faire dans un délai donné ;
- mesurer, analyser et exploiter régulièrement les résultats obtenus de manière à corriger tous les écarts constatés entre le réalisé et le prévu ;
- tenir informés régulièrement tous les acteurs de manière à ce qu'ils visualisent l'amélioration et ainsi, continuent à fournir des efforts ;
- apprécier le travail réalisé par tous, c'est-à-dire reconnaître la qualité de l'implication des différents acteurs ;
- veiller à ce que les résultats obtenus perdurent dans le temps en poursuivant les mesures (avec une fréquence qui peut être plus faible), en intensifiant l'esprit d'équipe, en faisant en sorte que les solutions appliquées deviennent des habitudes et en mettant en place des dispositifs anti-erreurs.

Conclusion

Pour améliorer les performances d'un organisme, il est nécessaire :

- d'avoir conscience des problématiques rencontrées (par la création et le suivi d'indicateurs pertinents) et de leurs incidences sur la satisfaction des clients et/ou sur la maîtrise des dépenses;
- de hiérarchiser les problématiques rencontrées (un organisme ne dispose pas de suffisamment de ressources pour traiter l'ensemble des écarts existants);
- d'être convaincu qu'il existe au moins une solution à chaque problématique;
- de rechercher les meilleures solutions (celles adaptées à la situation) à l'aide des différentes techniques existantes;
- de favoriser le travail en groupe;
- de faire participer les acteurs directement concernés par la situation traitée;
- de faire preuve de bon sens, de logique et de simplicité (pour garantir l'application et le respect des solutions trouvées);
- de se donner les moyens pour analyser les situations insatisfaisantes, mettre en œuvre les actions et valider leur efficacité;
- de veiller à ce que toutes les actions engagées soient pérennes (en instaurant un esprit d'équipe, en acquérant des habitudes, en mettant en œuvre des dispositifs anti-erreur...);
- d'organiser l'activité de l'organisme sur les bases d'une approche processus avec pour chacun d'eux un responsable et des indicateurs.

Index

Dépôt légal : février 2008

Imprimé en Allemagne par BoD